JN065471

# 公認心理師試験 事例問題の解き方本 PartⅤ

## はしがき

今年度の事例問題の特徴は、５回目ということで過去問の類題が多かったということです。38 問中 11 問（28.9%）に類似したものが過去に出題されていました。特に多く見られたのは、「作業同盟」（問 63)、「職場復帰支援」（問 67)、「認知症」（問 68)、「ストレスチェック」（問 72）でした。これについては、各事例の着眼点のところに書いてありますが、「過去問の類題」として一覧表にしてありますので、参照してください。

以上のように過去問を調べる意味があるので、比較検討して理解を深めていただきたいと思います。そのために本書を活用していただければ幸甚に存じます。

令和５年３月

元創価大学教授　山口勝己

# 目　次



## 2022 年試験・全事例問題（38 事例）解説

### 1　医　療



### 2　福　祉

## 3 教 育



## 4 司 法



## 5 産 業



## 6 アセスメント

## 7　心理学的支援法



## 8　その他



### 【正答率と肢別解答率データについて】

各問題に，正答率と肢別解答率データを掲載しています。

2022 年 7 月 17 日試験については，辰巳法律研究所が行った出口調査（受験者 2,543 人の解答再現）に基づく正答率と肢別解答率データです。

正答率とは，正答した割合です。解答を２つ選ぶ問題の正答率は，２つ全て解答したものの割合です。

肢別解答率とは，選択肢ごとの解答した割合です。

## 本書の内容・構成

◆事例問題は得点源！　2022年試験の全事例問題の解説を掲載！

本書は，2022年（令和4年）7月17日に行われた第5回公認心理師試験の全事例問題・38問について解説しています。

◆これは便利！　問題・解説の表裏一体構成！

冒頭に，分野・問題番号・項目・正答率の一覧表を掲載しています。そして，各事例問題を分野別に配置し，問題・解説を表裏一体構成で掲載しました。問題を解いてから，解説を読むことができます。

◆関連知識で知識の幅を広げよう！

関連知識も適宜掲載しています。1事例を解くことに関連して，さらに知識の幅を広げることができます。

◆出口調査に基づく正答率と肢別解答率データを掲載！

各問に辰已法律研究所が京都コムニタス（URL：https://www.sinri-com.com/）と協力して実施した出口調査に基づく正答率と肢別解答率データを掲載しています。

本書籍に掲載の公認心理師試験の事例問題は，一般財団法人日本心理研修センターのHP（https://www.jccpp.or.jp/）から転載しました。

過去問の類題

| | 第5回試験<br>(2022年) | 類題1 | 類題2 | 類題3 |
|---|---|---|---|---|
| テスト<br>バッテリー | 問61 | 2019−69 | | |
| 作業同盟 | 問63 | 2018−139 | 2018追加−<br>121 | 2020−127 |
| 職場復帰支援 | 問67 | 2018追加−<br>54 | 2019−154 | 2020−143 |
| 認知症 | 問68 | 2018−154 | 2018追加−<br>142 | 2020−142 |
| 非行・犯罪の<br>理論 | 問71 | 2019−98 | | |
| ストレス<br>チェック制度 | 問72 | 2019−33 | 2020−27 | 2021−101 |
| 非行・犯罪の<br>アセスメント | 問75 | 2021−100 | | |
| 家族システム<br>論 | 問136 | 2018追加−<br>86 | | |
| DV | 問145 | 2019−77 | | |
| 非行・犯罪の<br>理論 | 問149 | 2020−141 | | |
| 原因帰属 | 問153 | 2018−118 | 2018追加−<br>150 | |

（注）同じ非行・犯罪の理論であるが，問71は社会的絆理論（Social Bond Theory）に関する問題であり，問149は漂流理論（Drift Theory）に関する問題なので，内容の違いに着目して分けてある。

# 2022年試験
# 全事例問題
# （38事例）
# 解　説

# 2022年試験・全事例問題（38事例）解説

標準問題　22問　（正答率　77.7%以上）
＊難解問題　7問　（正答率　60.0%～75.1%）
＊＊最難解問題　9問　（正答率　52.9%以下）

| 分野 | 問題No. | 項　目 | 正答率 | 難易度 |
|---|---|---|---|---|
| 医療 | 64 | 心身症 | 85.3% | |
| | 65 | 神経症性障害 | 80.3% | |
| | 66 | 動機づけ面接 | 91.6% | |
| | 68 | 認知症 | 91.6% | |
| | 77 | 統合失調症 | 41.4% | ＊＊ |
| | 141 | 精神科等医療機関へ紹介すべき症状 | 84.7% | |
| | 143 | 認知症 | 43.4% | ＊＊ |
| | 144 | 主な症状と状態像 | 89.4% | |
| | 151 | 統合失調症 | 75.0% | ＊ |
| 福祉 | 69 | 生活の中の治療 | 75.1% | ＊ |
| | 70 | 虐待への対応 | 82.7% | |
| | 138 | アタッチメント障害 | 85.4% | |
| | 145 | DV | 65.0% | ＊ |
| | 146 | 環境調整 | 99.1% | |
| | 154 | 虐待への対応 | 93.9% | |
| 教育 | 62 | 学生相談 | 95.2% | |
| | 76 | 限局性学習障害（SLD） | 78.0% | |
| | 147 | リスクアセスメント | 81.5% | |
| | 148 | 合理的配慮 | 88.8% | |
| | 152 | いじめ | 94.7% | |
| | 153 | 原因帰属 | 93.3% | |
| 司法 | 71 | 非行・犯罪の理論 | 82.7% | |
| | 75 | 非行・犯罪のアセスメント | 33.2% | ＊＊ |
| | 149 | 非行・犯罪の理論 | 83.3% | |

| 産業 | 67 | 職場復帰支援 | 52.9% | ＊＊ |
|---|---|---|---|---|
| | 72 | ストレスチェック制度 | 80.6% | |
| | 73 | キャリア形成 | 16.4% | ＊＊ |
| | 150 | 組織風土と文化 | 69.4% | ＊ |
| アセスメント | 61 | テストバッテリー | 52.3% | ＊＊ |
| | 74 | テストバッテリー | 71.9% | ＊ |
| | 139 | 心理検査の適用 | 77.7% | |
| 心理学的支援法 | 63 | 作業同盟 | 60.0% | ＊ |
| | 136 | 家族システム論 | 34.5% | ＊＊ |
| | 140 | 集団療法 | 6.1% | ＊＊ |
| | 142 | 心理的支援 | 86.2% | |
| その他 | 59 | 仮説検定 | 25.6% | ＊＊ |
| | 60 | 乳児に対する実験法 | 68.5% | ＊ |
| | 137 | 恋　愛 | 78.8% | |

2022年試験・全事例問題（38事例）解説

# 1　医療

## 2022－64

問64　14歳の女子A，中学2年生。1学期に学校を休むことが多かったことを心配した母親Bに連れられ，夏休みに小児科を受診した。BによるとAは，5月の連休明けから頭が痛いといって朝起きられなくなり，遅刻が増えた。めまい，腹痛，立ちくらみがあるとのことで，6月からは毎日のように学校を休むようになった。家では，午後になっても身体がだるいとソファで横になって過ごすことが多い。しかし，夕方からは友達と遊びに出かけ，ゲームやおしゃべりに興じることもある。排便によって腹痛が改善することはないという。

Aの状態の理解として，最も適切なものを1つ選べ。

① 不安症
② 統合失調症
③ 過敏性腸症候群
④ 起立性調節障害
⑤ 自閉スペクトラム症

## 2022−64　心身症

問64　14歳の女子A，中学2年生。1学期に学校を休むことが多かったことを心配した母親Bに連れられ，夏休みに小児科を受診した。BによるとAは，5月の連休明けから頭が痛いといって朝起きられなくなり，遅刻が増えた。めまい，腹痛，立ちくらみがあるとのことで，6月からは毎日のように学校を休むようになった。家では，午後になっても身体がだるいとソファで横になって過ごすことが多い。しかし，夕方からは友達と遊びに出かけ，ゲームやおしゃべりに興じることもある。排便によって腹痛が改善することはないという。

Aの状態の理解として，最も適切なものを1つ選べ。

① 不安症
② 統合失調症
③ 過敏性腸症候群
④ 起立性調節障害
⑤ 自閉スペクトラム症

まず，選択肢を眺めると，①②は精神症状，③④は身体症状，⑤は発達障害を示していることがわかる。

Aは不登校状態であるが，その原因としていじめや友達とのトラブルなど学校での対人関係に問題があるという記述は見られない。また，⑤自閉スペクトラム症に関する記述もない。したがって，不登校の原因は精神面あるいは身体面の不調にあることが推察される。①②の精神症状の記述は特にないので，身体症状に注目する必要がある。

「めまい，立ちくらみがある」「腹痛があり，排便しても改善しない」「頭痛のため朝起きられない」「日中に倦怠感がある」といった身体面に様々な症状が見られる。③過敏性腸症候群は，慢性的に腹部の膨張感や腹痛を訴えたり，下痢や便秘などの便通の異常を感じる症候群で，腸の内臓神経が過敏になって引き起こされる。症状は腸に限定されており，Aは多彩な身体症状を訴えているので，③は適切でない。④起立性調節障害は，自律神経系の異常で循環器系の調節がうまくいかなくなる疾患である。主な症状として，立ちくらみ，失神，朝起き不良，倦怠感，動悸，頭痛，腹痛などを伴い，思春期に好発する自律神経機能不全の1つである（一般社団法人　日本小児心身医学会）。以上のことから，Aの症状は起立性調節障害と一致するので，④が適切である。

## 選択肢の検討

① 不適切。不安症に関する記述は見られない。
② 不適切。統合失調症に関する記述は見られない。
③ 不適切。過敏性腸症候群に該当しない。
④ 適切。
⑤ 不適切　自閉スペクトラム症に関する記述は見られない。

**解　答**　④

【辰已法律研究所の出口調査に基づく正答率と肢別解答率　2543 人 Data】

| 正答率 | 肢1 | 肢2 | 肢3 | 肢4 | 肢5 |
|---|---|---|---|---|---|
| 85.3% | 7.0% | 0.2% | 7.0% | 85.3% | 0.3% |

## 着眼点

選択肢を選んだ割合は，④85.3%に集中しており，標準的な問題である。5つの選択肢は，すべてが頻度の高いもので，よく知られた用語である。なお，以下の文献によく似たものが出題されている。

文献：山口勝己監著　公認心理師試験　事例問題の解き方本 PartⅡ　オリジナル事例問題－3　辰已法律研究所　2019

## 2022－65

**問 65**　25 歳の女性Ａ，会社員。Ａは，混雑した電車に乗って通勤中，急に動悸や息苦しさ，めまいを感じ，「このまま死んでしまうのではないか」という恐怖に襲われ，慌てて病院の救急外来を受診した。心電図などの検査を受けたが，異常は認められず，症状も治まったため，帰宅した。しかし，その日以来，突然の動悸や息苦しさなどの症状が電車内で繰り返し出現した。次第に電車に乗ることが怖くなり，最近は電車通勤ができていない。複数の医療機関で検査を受けたが，原因は特定されず，心療内科クリニックを紹介された。受診したクリニックの公認心理師にＡの心理的アセスメントが依頼された。

　Ａの状態の理解として，適切なものを１つ選べ。

① 強迫観念
② 心気妄想
③ 侵入症状
④ 対人恐怖
⑤ 予期不安

## 2022−65　神経症性障害

問65　25歳の女性A，会社員。Aは，混雑した電車に乗って通勤中，急に動悸や息苦しさ，めまいを感じ，「このまま死んでしまうのではないか」という恐怖に襲われ，慌てて病院の救急外来を受診した。心電図などの検査を受けたが，異常は認められず，症状も治まったため，帰宅した。しかし，その日以来，突然の動悸や息苦しさなどの症状が電車内で繰り返し出現した。次第に電車に乗ることが怖くなり，最近は電車通勤ができていない。複数の医療機関で検査を受けたが，原因は特定されず，心療内科クリニックを紹介された。受診したクリニックの公認心理師にAの心理的アセスメントが依頼された。

Aの状態の理解として，適切なものを１つ選べ。

① 強迫観念
② 心気妄想
③ 侵入症状
④ 対人恐怖
⑤ 予期不安

まず，選択肢を眺めると，すべて何らかの症状である。

①は「頭から離れない考えのことで，不合理だとわかっていても，頭から追い払うことができない」強迫性障害の症状である。②は「重大な病気や不治の病を患ってしまったと思い込む妄想」でうつ病のサインである。③は「ある出来事が頭の中に入り込んでくるように繰り返しよみがえり，制御することができない」PTSD の症状である。④は「自分が他人にどう思われているかについて不安になり，不安が生じそうな状況を回避する」社交不安症の症状である。⑤は「一度発作が起こった時と同じ状況に対して，またよくない事が起きることを想像して不安感を覚える」パニック障害の症状である。

本事例は，混雑した電車に乗って通勤中，パニック発作を起こし，それ以来同じ症状が電車内で繰り返し出現したため，電車に乗ることが怖くなり，最近では電車通勤ができなくなっている。これは，よくないことが起きることを想像して不安になるパニック障害の予期不安と考えられる。したがって，⑤が適切である。

## 選択肢の検討

① 不適切。強迫性障害の症状である。
② 不適切。うつ病のサインである。
③ 不適切。PTSD の症状である。
④ 不適切。社交不安症の症状である。
⑤ 適切。

解　答　⑤

【辰巳法律研究所の出口調査に基づく正答率と肢別解答率　2543 人 Data】

| 正答率 | 肢１ | 肢２ | 肢３ | 肢４ | 肢５ |
|---|---|---|---|---|---|
| 80.3% | 8.3% | 4.4% | 4.8% | 2.0% | 80.3% |

## 着 眼 点

選択肢を選んだ割合は，⑤80.3%に集中しており，標準的な問題である。5つの選択肢は，すべてが精神症状であり，比較的知られたものが多く，迷うような紛らわしいものは認められない。

## 2022−66

問66　47歳の男性A，会社員。Aは不眠を主訴に妻Bに伴われて総合病院の精神科を受診した。2年前にAは昇進し，大きな責任を担うことになった。しかし，この頃から寝付きが悪くなり，飲酒量が増加した。最近は，Bの再三の注意を無視して深夜まで飲酒することが多い。遅刻が増え，仕事にも支障が生じている。担当医は，アルコール依存症の治療が必要であることを説明した。しかし，Aは，「その必要はありません。眠れなくて薬が欲しいだけです」と述べ，不機嫌な表情を見せた。一方，Bは入院治療を強く希望した。AとBの話を聞いた担当医は，公認心理師CにAの支援を依頼した。

現時点におけるCのAへの対応として，最も適切なものを1つ選べ。

① 入院治療の勧奨

② 自助グループの紹介

③ 動機づけ面接の実施

④ リラクセーション法の導入

⑤ 認知リハビリテーションの導入

## 2022−66　動機づけ面接

問 66　47 歳の男性Ａ，会社員。Ａは不眠を主訴に妻Ｂに伴われて総合病院の精神科を受診した。２年前にＡは昇進し，大きな責任を担うことになった。しかし，この頃から寝付きが悪くなり，飲酒量が増加した。最近は，Ｂの再三の注意を無視して深夜まで飲酒することが多い。遅刻が増え，仕事にも支障が生じている。担当医は，アルコール依存症の治療が必要であることを説明した。しかし，Ａは，「その必要はありません。眠れなくて薬が欲しいだけです」と述べ，不機嫌な表情を見せた。一方，Ｂは入院治療を強く希望した。ＡとＢの話を聞いた担当医は，公認心理師ＣにＡの支援を依頼した。
現時点におけるＣのＡへの対応として，最も適切なものを１つ選べ。

① 入院治療の勧奨
② 自助グループの紹介
③ 動機づけ面接の実施
④ リラクセーション法の導入
⑤ 認知リハビリテーションの導入

まず，選択肢を眺めると，いろいろな対応の仕方が並んでいることがわかる。

Ａは，昇進うつ病からアルコール依存症になったと思われる。しかし，不眠を除いて自覚症状がなく，治療への意欲も乏しい。一方，妻Ｂは入院治療を強く希望しており，二人の意識のギャップが大きい。

うつ病とともにアルコール依存症の入院治療が必要であるが，それ以前に治療への動機づけが必要である。①②はアルコール依存症の治療に関することであり，動機づけ後のことなので適切でない。④は心身のリラックス状態を段階的に得るための訓練法であり，神経症の治療やストレスの緩和に用いられるので，この場合は適切でない。⑤は頭部外傷，アルツハイマー型認知症など高次脳機能障害による日常生活，社会生活における困難を軽減させて，これを代償する技術の獲得を目的とする訓練法であり，適切でない。

③の動機づけ面接は，アメリカのミラー，イギリスのロルニックが主になって開発したカウンセリングアプローチであり，アルコール依存症の治療法として開発され，体系化されたものである。したがって，③が適切である。

## 選択肢の検討

① 不適切。動機づけ後のことである。
② 不適切。動機づけ後のことである。
③ 適切。
④ 不適切。神経症の治療やストレスの緩和に用いられる訓練法である。
⑤ 不適切。アルツハイマー型認知症など高次脳機能障害の訓練法である。

解　答　③

【辰巳法律研究所の出口調査に基づく正答率と肢別解答率　2543人Data】

| 正答率 | 肢1 | 肢2 | 肢3 | 肢4 | 肢5 |
|---|---|---|---|---|---|
| 91.6% | 2.0% | 3.7% | 91.6% | 1.3% | 1.2% |

## 着眼点

選択肢を選んだ割合は，③91.6%に集中しており，標準的な問題である。動機づけ面接の知識があれば，容易に選択できるものと思われる。

文献：ウイリアム・R. ミラー他２名（松島義博他訳）　動機づけ面接法－基礎・実践編　星和書店　2007

## 2022－68

問 68　78 歳の女性Ａ。３年前に夫と死別した後は，一人暮らしをしている。元来きれい好きで，家の中はいつもきちんと片付いていた。遠方に住む一人娘のＢは，安否確認を兼ねて毎日電話でＡと話をしている。Ａは，２年ほど前から何度も同じ話を繰り返すようになり，半年前頃から，Ｂと午前中に電話で話したことを忘れて，１日に何度も電話をかけるようになってきた。心配になったＢがＡを訪問すると，家の中や外に大量のごみがあり，冷蔵庫に賞味期限切れの食材が大量に入っていた。Ａの人柄が変わった様子は特にないが，Ｂが捨てるように説得しても，Ａは食べられるから大丈夫と言って取り合わない。

Ａの状況から考えられる病態として，最も適切なものを１つ選べ。

① うつ病
② ためこみ症
③ 前頭側頭型認知症
④ 持続性複雑死別障害
⑤ Alzheimer 型認知症

## 2022－68　認知症

問 68　78 歳の女性A。3年前に夫と死別した後は，一人暮らしをしている。元来きれい好きで，家の中はいつもきちんと片付いていた。遠方に住む一人娘のBは，安否確認を兼ねて毎日電話でAと話をしている。Aは，2年ほど前から何度も同じ話を繰り返すようになり，半年前頃から，Bと午前中に電話で話したことを忘れて，1日に何度も電話をかけるようになってきた。心配になったBがAを訪問すると，家の中や外に大量のごみがあり，冷蔵庫に賞味期限切れの食材が大量に入っていた。Aの人柄が変わった様子は特にないが，Bが捨てるように説得しても，Aは食べられるから大丈夫と言って取り合わない。

Aの状況から考えられる病態として，最も適切なものを1つ選べ。

① うつ病
② ためこみ症
③ 前頭側頭型認知症
④ 持続性複雑死別障害
⑤ Alzheimer 型認知症

まず，選択肢を眺めると，認知症が2つあることがわかる（③⑤）。

Aの様子から，衛生観念がなくなったことや，物忘れ（何度も電話をかけてくること）がひどくなったことにより，認知症であることが疑われる。

②のため込み症の特徴は三つで，物を大量に集める，整理整頓ができない，捨てられない，である。認知症や統合失調症，注意欠如多動性障害（ADHD）なども物をためることがあるが，こうした病気の影響を除いても症状があると，ため込み症と診断される。④の持続性複雑死別障害は，DSM-5によると精神障害の1つであり，故人に向けられる思いが毎日続いている，死に対する感情が強すぎる等が理由で，社会生活に支障を来している，文化的に許容される通常の悲嘆を超えている状態である。以上のことから，①のうつ病を含めて，①②④は適切でない。

③⑤の認知症のうち，③前頭側頭型認知症は 2020-142 で出題されている。これは主に前頭葉，側頭葉前方に委縮が見られる認知症で，ピック病もその一つとして分類される。40～60 代と比較的若い世代が発症する「初老期認知症」の代表的疾患であり，本人は全く病識がない。特徴的な症状として，情緒障害，人格障害，自制力低下，異常行動，対人的態度の変化，滞続症状が挙げられる。Alzheimer 型認知症に比べると幻覚，妄想などは少なく，記憶障害や視空間認

知障害は目立たない。Aの人柄が変わった様子は特になく，物忘れが主なので，前頭側頭型認知症ではなくAlzheimer型認知症と考えられる。以上のことから，⑤が適切である。

## 選択肢の検討

①　不適切。うつ病の症状は見られない。
②　不適切。認知症の影響で，ため込み症ではない。
③　不適切。人格障害は見られないので，前頭側頭型認知症ではない。
④　不適切。死に対する感情が強すぎることはないので，持続性複雑死別障害ではない。
⑤　適切。

**解　答**　⑤

【辰已法律研究所の出口調査に基づく正答率と肢別解答率　2543人Data】

| 正答率 | 肢1 | 肢2 | 肢3 | 肢4 | 肢5 |
|---|---|---|---|---|---|
| 91.6% | 0.1% | 2.5% | 4.4% | 1.2% | 91.6% |

## 着眼点

選択肢を選んだ割合は，⑤91.6%に集中しており，標準的な問題である。②ためこみ症，④持続性複雑死別障害は見慣れないものであるが，字から想像がつく。認知症のタイプについてはその特徴を理解しておく必要がある。

なお，認知症に関連した問題があるので参照していただきたい（2018年－問154，2018年追加－問142，2020年－問142）。

文献：DSM-5精神疾患の分類と診断の手引（高橋三郎・大野裕監訳）　医学書院　2014

## 2022－77

問 77　20 歳の男性A。現在，精神科病院に入院中である。Aの母親はすでに他界している。Aは 19 歳のときに統合失調症を発症し，2回目の入院である。近々退院予定であり，退院後は，父親Bとの二人暮らしとなる。BはAに対して，「また入院したのは，自分で治そうという気がないからだ」，「いつも薬に頼っているからだめなんだ。もっとしっかりしろ」とたびたび言っている。Aの主治医は，公認心理師Cに退院後の再発予防に有用な支援を検討してほしいと依頼した。

このときCが実施を検討すべきものとして，適切なものを2つ選べ。

① Aに対する SST
② Bに対する回想法
③ Bに対する心理教育
④ Aに対する TEACCH
⑤ AとBに対するリアリティ・オリエンテーション

## 2022−77　統合失調症

問77　20歳の男性A。現在，精神科病院に入院中である。Aの母親はすでに他界している。Aは 19 歳のときに統合失調症を発症し，2回目の入院である。近々退院予定であり，退院後は，父親Bとの二人暮らしとなる。BはAに対して，「また入院したのは，自分で治そうという気がないからだ」，「いつも薬に頼っているからだめなんだ。もっとしっかりしろ」とたびたび言っている。Aの主治医は，公認心理師Cに退院後の再発予防に有用な支援を検討してほしいと依頼した。

このときCが実施を検討すべきものとして，適切なものを2つ選べ。

① Aに対するSST
② Bに対する回想法
③ Bに対する心理教育
④ Aに対するTEACCH
⑤ AとBに対するリアリティ・オリエンテーション

まず，選択肢を眺めると，Aに対して行うこと（①④⑤）と，Bに対して行うこと（②③）が並んでいることがわかる。

Aに対しての①はソーシャルスキルトレーニングであり，社会で生活するうえで必要な技術を高めるための訓練である。対人関係などを中心にスキルを向上させる訓練で，発達障害や精神障害のある人にも適用されているので，①は適切である。また，④は自閉症療育プログラム，⑤は認知症の現実見当識訓練のことなので，④⑤は適切でない。

Bに対しての②は，グループで自分の過去を話すことを行うことで，精神的な安定感が得られ，認知機能にもよい影響を与えるとされるので，認知症への心理療法として活用されている。したがって，②は適切でない。③は，精神保健問題を持つ患者本人および家族に対して，病気や障害の結果もたらされる諸問題・諸困難への対処法を習得してもらい，療養生活ができるように援助する方法である。Aの父親Bは，Aに対する無理解があるので心理教育が必要であり，③は適切である。

## 選択肢の検討

① 適切。
② 不適切。認知症への心理療法として活用されている。
③ 適切。
④ 不適切。自閉症療育プログラムである。
⑤ 不適切。認知症の現実見当識訓練のことである。

**解　答**　①，③

【辰巳法律研究所の出口調査に基づく正答率と肢別解答率　2543 人 Data】

| 正答率 | 解答欄 | 肢 1 | 肢 2 | 肢 3 | 肢 4 | 肢 5 |
|---|---|---|---|---|---|---|
| 41.4% | №85 | 47.7% | 0.9% | 47.7% | 1.7% | 1.3% |
| | №86 | 0.4% | 0.3% | 42.2% | 5.3% | 47.7% |

## 着眼点

選択肢を選んだ割合は，①47.7%，③47.7%／③42.2%，⑤47.7%に三分されており，最難解問題である。統合失調症の再発防止のために，本人およびその親にとって有効なことを検討することである。意外にも，認知症に対する治療法や訓練法の知識がないと難しい問題であり，⑤のリアリティ・オリエンテーションを間違って選んでしまった人が多かった。なお，心理教育については，2018 年－問 64 に出題されている。

文献：健康長寿ネット　リアリティ・オリエンテーション　2016

## 2022−141

**問 141**　17 歳の男子Ａ，高校２年生。Ａは，監視されているという恐怖のため登校できなくなり，母親Ｂに連れられて高校のカウンセリングルームの公認心理師Ｃのもとへ相談に訪れた。Ａは，１か月ほど前から，外出すると自分が見張られており，家の中にいても外から監視されていると感じ，怖くてたまらなくなった。「見張られていること，監視されていることは間違いない」，「自分が考えていることが他者に伝わってしまう」とＡは言う。Ａに身体疾患はなく，薬物の乱用経験もない。Ｂは，「カウンセリングによってＡの状態を良くしてほしい」とＣに伝えた。

この時点でのＣによる対応として，最も適切なものを１つ選べ。

① Ａに対して支持的心理療法を開始する。
② しばらく様子を見ることをＡとＢに伝える。
③ Ａに対して集団での SST への参加を勧める。
④ 薬物療法が有効である可能性をＡとＢに説明する。
⑤ Ｂの意向を踏まえて，Ａに対してカウンセリングを開始する。

## 2022－141　精神科等医療機関へ紹介すべき症状

問141　17歳の男子A，高校2年生。Aは，監視されているという恐怖のため登校できなくなり，母親Bに連れられて高校のカウンセリングルームの公認心理師Cのもとへ相談に訪れた。Aは，1か月ほど前から，外出すると自分が見張られており，家の中にいても外から監視されていると感じ，怖くてたまらなくなった。「見張られていること，監視されていることは間違いない」，「自分が考えていることが他者に伝わってしまう」とAは言う。Aに身体疾患はなく，薬物の乱用経験もない。Bは，「カウンセリングによってAの状態を良くしてほしい」とCに伝えた。

この時点でのCによる対応として，最も適切なものを1つ選べ。

① Aに対して支持的心理療法を開始する。
② しばらく様子を見ることをAとBに伝える。
③ Aに対して集団でのSSTへの参加を勧める。
④ 薬物療法が有効である可能性をAとBに説明する。
⑤ Bの意向を踏まえて，Aに対してカウンセリングを開始する。

まず，選択肢を眺めると，心理療法（①③⑤），薬物療法（④），様子を見る（②）が並んでおり，「様子を見る＝何もしない」は問題外なので，②は適切でない。

Aの様子から，明らかに統合失調症の妄想型と考えられ，妄想を抑えることが優先すべきことである。①の支持的心理療法は，クライエントとカウンセラーが話し合いながら，一緒に心の問題を解決する方法である。そのため，クライエントとカウンセラーの信頼関係が重要であるが，Aの様子から治療同盟を結ぶことは困難と思われる。したがって，①は適切でない。⑤についても①と同様であり，母親がカウンセリングを望んでも，効果があるとは思えない。したがって，⑤は適切でない。③のSSTは社会の中で暮らしていくためのスキルを訓練することであり，Aにできることを増やしても妄想の症状はなくならないので，③は適切でない。

残る④の薬物療法であるが，幻覚や妄想の原因として脳内のドーパミン神経の活動によると考えられ，それを抑えることができれば幻覚や妄想を抑えるか少なくすることが可能である。すなわち，抗精神病薬による薬物療法の効果が期待できるので，④が適切である。

## 選択肢の検討

① 不適切。治療同盟を結ぶことは困難と思われる。
② 不適切。様子を見ても症状は改善しない。
③ 不適切。スキルを増やしても症状は改善しない。
④ 適切。
⑤ 不適切。①と同様に効果が期待できない。

**解　答**　④

【辰巳法律研究所の出口調査に基づく正答率と肢別解答率　2543人 Data】

| 正答率 | 肢1 | 肢2 | 肢3 | 肢4 | 肢5 |
|---|---|---|---|---|---|
| 84.7% | 4.1% | 1.7% | 0.4% | 84.7% | 9.1% |

## 着眼点

選択肢を選んだ割合は，④84.7%に集中しており，標準的な問題である。統合失調症の妄想型と比較的容易に推測され，カウンセリング等よりも抗精神病薬による薬物療法の効果が期待できると判断できる。

文献：福島哲夫他　公認心理師必携テキスト　統合失調症　学研　2018

## 2022－143

問 143　60 歳の男性Ａ，俳人。物忘れが最近増えてきたことを心配した同居の息子Ｂに連れられ，精神科クリニックを受診した。黙っているＡに代わって話をしたＢによると，Ａは，半年前から膝が上がらなくなり，徐々に歩幅が小さくなった。今では，脚が左右に開き気味で，歩行が不安定である。また，３か月ほど前からトイレに行く頻度が増え，近頃は，間に合わずに尿を漏らすこともある。日中は，ぼんやりしていることが多く，楽しみにしていた地域の句会にもしばらく参加していない。一方で，夜間はよく眠れており，食欲も以前と変わらず，奇異な訴えもない。

Ａに考えられる病態として，最も適切なものを１つ選べ。

① 正常圧水頭症
② 老年期うつ病
③ 前頭側頭型認知症
④ Lewy 小体型認知症
⑤ Alzheimer 型認知症

## 2022−143　認知症

問143　60歳の男性A，俳人。物忘れが最近増えてきたことを心配した同居の息子Bに連れられ，精神科クリニックを受診した。黙っているAに代わって話をしたBによると，Aは，半年前から膝が上がらなくなり，徐々に歩幅が小さくなった。今では，脚が左右に開き気味で，歩行が不安定である。また，3か月ほど前からトイレに行く頻度が増え，近頃は，間に合わずに尿を漏らすこともある。日中は，ぼんやりしていることが多く，楽しみにしていた地域の句会にもしばらく参加していない。一方で，夜間はよく眠れており，食欲も以前と変わらず，奇異な訴えもない。

Aに考えられる病態として，最も適切なものを1つ選べ。

① 正常圧水頭症
② 老年期うつ病
③ 前頭側頭型認知症
④ Lewy小体型認知症
⑤ Alzheimer型認知症

まず，選択肢を眺めると，すべて病名であり③④⑤は認知症が付いた名称である。

③は前頭葉や側頭葉前方に委縮がみられ，それによって認知症が発症する。特徴的な症状が表れ，万引きのような軽犯罪を起こす「社会性の欠如」，相手に対して暴力を振るったりする「抑制の欠如」，いつも同じ道順を歩き続けるといった「同じことを繰り返す」などである。④はレビー小体という異常なタンパク質が出現することで起こり，主な症状としては，ぼんやりとしている時としていない時がある（認知機能の変動），見えないはずのものが見える（幻視），動きが遅く筋肉が固くなるといったもの（パーキンソン症状）がある。⑤は認知症の中で最も多く，脳神経が変性して脳の一部が委縮していく過程で起きる認知症で，初期症状は置き忘れ・片付けたことを忘れるなど，常に探し物をしていることが増える。他には，ついさっき話した人の名前を忘れる・新しいことが覚えられない（記銘力障害）などが特徴的である。以上のことをAの症状と照らし合わせても一致するものがない。したがって，③④⑤は適切でない。

残る①②のうち②は，「寝ようと思っても寝付けない」「食欲がない，または食欲が過度に増加した」などの症状があるので，Aに当てはまらない。したがって，②は適切でない。①は，脳室内の過剰な脳脊髄液貯留を特徴とし，60代，

70代の高齢者に発症する。3大症状である歩行障害，尿失禁，精神活動の低下（認知症様の症状）がみられ，初期の段階では物忘れ，次いで自発性の低下，無関心，日常動作の緩慢化などの状態になる。以上のことはAの症状に一致するので，①が適切である。

## 選択肢の検討

① 適切。
② 不適切。睡眠も食欲も以前と変わらない。
③ 不適切。「社会性の欠如」や「抑制の欠如」がみられない。
④ 不適切。幻視やパーキンソン症状がみられない
⑤ 不適切。記銘力障害の記述がない。

**解　答**　①

【辰巳法律研究所の出口調査に基づく正答率と肢別解答率　2543人Data】

| 正答率 | 肢1 | 肢2 | 肢3 | 肢4 | 肢5 |
|---|---|---|---|---|---|
| 43.4% | 43.4% | 2.8% | 9.7% | 34.3% | 9.6% |

## 着眼点

選択肢を選んだ割合は，①43.4%，④34.3%に二分され，正解①の割合も低いので，最難解問題である。「物忘れが最近増えてきた」ということで，認知症を疑うことになる。3つの典型的な認知症，前頭側頭型認知症，Lewy小体型認知症，Alzheimer型認知症の症状を検討しても該当しないことが分かる。したがって，認知症ではない。

文献：厚生労働省　みんなのメンタルヘルス　認知症
森　悦朗　特発性正常圧水頭症の臨床　第19回九州老年期認知症研究会における発表論文　2012

## 2022－144

問 144　32 歳の女性Ａ，会社員。Ａは，持病の視神経炎が悪化し，ステロイドパルス療法を受けるため，総合病院に入院した。治療開始後５日目から，食欲低下と不眠が続いている。10 日目の夜，病棟内を落ち着きなく歩き回り，看護師に不安やいらだちを繰り返し訴えた。意識障害はなく，原疾患以外の明らかな身体所見も認められていない。眼科の主治医から依頼を受けた精神科リエゾンチームがＡの病室を訪問したところ，いらいらした様子で，「どうせ分かってもらえません」と言ったり，「私が悪かったんです」とつぶやいたりして，涙ぐんだ。

Ａの症状として，最も適切なものを１つ選べ。

① 強迫行為
② 誇大妄想
③ 前向性健忘
④ 抑うつ気分
⑤ パニック発作

## 2022−144　主な症状と状態像

問 144　32 歳の女性Ａ，会社員。Ａは，持病の視神経炎が悪化し，ステロイドパルス療法を受けるため，総合病院に入院した。治療開始後５日目から，食欲低下と不眠が続いている。10 日目の夜，病棟内を落ち着きなく歩き回り，看護師に不安やいらだちを繰り返し訴えた。意識障害はなく，原疾患以外の明らかな身体所見も認められていない。眼科の主治医から依頼を受けた精神科リエゾンチームがＡの病室を訪問したところ，いらいらした様子で，「どうせ分かってもらえません」と言ったり，「私が悪かったんです」とつぶやいたりして，涙ぐんだ。

Ａの症状として，最も適切なものを１つ選べ。

① 強迫行為
② 誇大妄想
③ 前向性健忘
④ 抑うつ気分
⑤ パニック発作

まず，選択肢を眺めると，すべて精神的な症状である。

Ａが受けているステロイドパルス療法というのは，１グラムのステロイドを３日間連続で点滴することを１クールとして，疾患によって１～３クール行う治療法である。ステロイドの作用には，免疫，炎症を強力に抑える力があり，自己免疫疾患や炎症疾患に対する有効な薬剤として広く使われている。副作用には，精神症状として不眠，精神の不安定が見られ，入眠剤などで対応する（出典：ナース専科・看護用語集)。

①強迫行為は，ある行為をしないでいられないことで，強迫性障害の特徴の１つである。したがって，①は適切でない。②誇大妄想は，己が有名で，全能で，裕福で，何かの力に満ちているという幻想的な信念を特徴としている。したがって，②は適切でない。③の前向性健忘とは，記憶に関する神経機構の障害が発現した時点が明らかな場合，障害時点以降の情報の記憶障害のことを意味する（出典：脳科学辞典)。したがって，③は適切でない。⑤パニック発作は，動悸・心拍数の増加，発汗，からだの震え，息切れ感または息苦しさなどが同時に起こり，急激に高まり，急激におさまるが，激しい症状のため死んでしまうのではないかといった恐怖感も伴うものである。したがって，⑤は適切でない。

残る④抑うつ気分は，気分が落ち込んだ状態で，それに伴って自信を失ったり，いらいらして集中できなかったり，睡眠が乱れたり，食欲が無くなったりといった心身の不調が現れるものである。これはAの状態と一致するので，④が適切である。

## 選択肢の検討

① 不適切。強迫行為は見られない。
② 不適切。誇大妄想は見られない。
③ 不適切。前向性健忘は見られない。
④ 適切。
⑤ 不適切。パニック発作は見られない。

**解　答**　④

【辰巳法律研究所の出口調査に基づく正答率と肢別解答率　2543人Data】

| 正答率 | 肢1 | 肢2 | 肢3 | 肢4 | 肢5 |
|---|---|---|---|---|---|
| 89.4% | 1.5% | 3.4% | 0.6% | 89.4% | 5.0% |

## 着眼点

選択肢を選んだ割合は，④89.4%に集中しており，標準的な問題である。ステロイドパルス療法の副作用についての知識があればすぐ分かるが，不眠や精神の不安定からも症状についての判断は可能である。

## 2022－151

問 151　22 歳の男性A，無職。奇異な言動を心配した家族に連れられて精神科クリニックを受診した。同伴した家族によると，半年以上前からAは，「やっと分かりました」，「もう後戻りはできないんですね」などと独り言をつぶやきながら，にやにやと奇妙な笑顔を浮かべるようになった。Aに理由を聞いたが，まとまりのない内容で，何の話か分からなかったという。受診時，Aは主治医に対して，「このクリニックの駐車場には，赤いスポーツカーが停まっていました。あれは，お前も赤く燃えるように使命を果たせ，という私に向けられた啓示なのです」と訴えた。

DSM-5の診断基準に該当するAの病態として，最も適切なものを１つ選べ。

① 双極性障害
② 統合失調症
③ 短期精神病性障害
④ 全般不安症／全般性不安障害
⑤ 統合失調型パーソナリティ障害

## 2022−151　統合失調症

問151　22歳の男性A，無職。奇異な言動を心配した家族に連れられて精神科クリニックを受診した。同伴した家族によると，半年以上前からAは，「やっと分かりました」，「もう後戻りはできないんですね」などと独り言をつぶやきながら，にやにやと奇妙な笑顔を浮かべるようになった。Aに理由を聞いたが，まとまりのない内容で，何の話か分からなかったという。受診時，Aは主治医に対して，「このクリニックの駐車場には，赤いスポーツカーが停まっていました。あれは，お前も赤く燃えるように使命を果たせ，という私に向けられた啓示なのです」と訴えた。

DSM-5の診断基準に該当するAの病態として，最も適切なものを１つ選べ。

① 双極性障害
② 統合失調症
③ 短期精神病性障害
④ 全般不安症／全般性不安障害
⑤ 統合失調型パーソナリティ障害

まず，選択肢を眺めると，すべて診断名であるが，③短期精神病性障害はあまり聞きなれないものである。これは，DSM-5によると，妄想や幻覚，まとまりのない発言，緊張病など異常な精神運動行動が急激に発症する障害である。しかし，症状が表れる期間は短く，１日から１か月である。Aの症状は半年以上前からなので，①は適切でない。

Aの症状は，妄想やまとまりのない発言であり，①の双極性障害，すなわち躁うつ病ではないし，不安感の強い④の全般性不安障害でもない。したがって，①④は適切でない。

⑤の統合失調型パーソナリティ障害は，親密な関係に対する強い居心地の悪さとそのような関係を築く能力の低さ，思考や知覚の歪み，風変わり（奇妙）な行動などを特徴とする。しかし，その思考や行動は統合失調症ほど異常でもないし，現実との接触を失っているわけでもない（出典：MSDマニュアル家庭版）。Aの言動は奇異ではあるが，人と関わることに強い不快感があったり，交流しないことを好んだりする記述はないので，⑤ではない。

残る②の統合失調症は，幻覚や妄想，話がまとまらず支離滅裂になるなどが，特徴的な症状である。したがって，②が適切である。

## 選択肢の検討

① 不適切。躁とうつの症状は見られない。
② 適切。
③ 不適切。症状は半年以上前から続いている。
④ 不適切。不安感についての記述はない。
⑤ 不適切。人と関わることに強い不快感があるという記述はない。

**解答** ②

【辰巳法律研究所の出口調査に基づく正答率と肢別解答率　2543 人 Data】

| 正答率 | 肢1 | 肢2 | 肢3 | 肢4 | 肢5 |
|---|---|---|---|---|---|
| 75.0% | 1.1% | 75.0% | 0.7% | 0.0% | 23.1% |

## 着眼点

選択肢を選んだ割合は，②75.0%，⑤23.1%に二分され，難解問題と言えよう。統合失調症と統合失調型パーソナリティ障害の区別をすることがポイントである。「公認心理師必携テキスト」には，DSM-5による10種類のパーソナリティ障害が挙げられている。

文献：高橋一郎・大野　裕監訳　DSM-5　精神疾患の分類と診断の手引　医学書院　2014
福島哲夫他　公認心理師必携テキスト　パーソナリティ障害　学研　2018

# 2　福祉

## 2022−69

問69　４歳の男児Ａ。Ａの養育は精神障害のある母親Ｂが行っていた。１歳６か月時の乳幼児健診では，発語がなく，低体重で，臀（でん）部がただれていた。母子で自宅に閉じこもり，Ｂが不調のときは，Ａは菓子を食べて過ごした。ある時，Ａに高熱が続くため，小児科を受診したところ，感染症が疑われた。一方，う歯（虫歯）が多数あり，発語も乏しく低栄養状態もみられたため，児童相談所に通告された。Ａの一時保護が医療機関に委託され，Ａは入院加療となった。Ａの入院中にＢの精神症状が増悪したために，Ａは，退院後に児童養護施設に入所することになった。

入所初期のＡへの支援方針として，最も適切なものを１つ選べ。

① リービングケアを開始する。
② 発語を促すために，言語聴覚療法を開始する。
③ Ａのプレイセラピーを通して，トラウマ体験の表現を促す。
④ 歯磨きや整髪，衣類の着脱などの身辺自立を優先して訓練する。
⑤ 食事や就寝，入浴など，日課の一貫性が保たれるように工夫する。

## 2022−69　生活の中の治療

問 69　４歳の男児Ａ。Ａの養育は精神障害のある母親Ｂが行っていた。１歳６か月時の乳幼児健診では，発語がなく，低体重で，臀（でん）部がただれていた。母子で自宅に閉じこもり，Ｂが不調のときは，Ａは菓子を食べて過ごした。ある時，Ａに高熱が続くため，小児科を受診したところ，感染症が疑われた。一方，う歯（虫歯）が多数あり，発語も乏しく低栄養状態もみられたため，児童相談所に通告された。Ａの一時保護が医療機関に委託され，Ａは入院加療となった。Ａの入院中にＢの精神症状が増悪したために，Ａは，退院後に児童養護施設に入所することになった。

入所初期のＡへの支援方針として，最も適切なものを１つ選べ。

① リービングケアを開始する。
② 発語を促すために，言語聴覚療法を開始する。
③ Ａのプレイセラピーを通して，トラウマ体験の表現を促す。
④ 歯磨きや整髪，衣類の着脱などの身辺自立を優先して訓練する。
⑤ 食事や就寝，入浴など，日課の一貫性が保たれるように工夫する。

まず，選択肢を眺めると，①リービングケア，②言語聴覚療法，③プレイセラピー，④身辺自立訓練，⑤日課の一貫性，がキーワードと思われる。

①のリービングケアは，入所施設からの自立に向けた準備の取り組みのことなので，適切でない。②③は治療法，④⑤は生活訓練なので，入所初期の支援としてどちらが必要かを考えなければならない。②の言語聴覚療法は，コミュニケーションや食べることに障害を持つ人を対象とした機能的側面と，同時に「生活の質（QOL）」を高めるために行われるリハビリテーションのことである。したがって，Ａには該当しないので，②は適切でない。③については，トラウマのことは書かれていないので，すぐにプレイセラピーが必要とは思えない。したがって，③も適切でない。

残りの④⑤は生活指導・訓練なので，いずれも必要である。入所初期の支援として大切なのは，施設の生活に早く慣れるための環境調整である。身辺自立の訓練も大事であるが，日課の一貫性が保たれるように工夫することが，より優先されるべきことである。以上のことから，④よりも⑤が適切である。

## 選択肢の検討

① 不適切。退所に向けた取り組みである。
② 不適切。リハビリテーションの一領域である。
③ 不適切。すぐにプレイセラピーが必要とは思えない。
④ 不適切。必要なことであるが最優先ではない。
⑤ 適切。

**解　答**　⑤

【辰巳法律研究所の出口調査に基づく正答率と肢別解答率　2543人Data】

| 正答率 | 肢1 | 肢2 | 肢3 | 肢4 | 肢5 |
|---|---|---|---|---|---|
| 75.1% | 16.1% | 0.8% | 1.1% | 6.7% | 75.1% |

## 着眼点

選択肢を選んだ割合は，①16.1%，⑤75.1%に二分されるので，難解問題と言えるであろう。意外に①のリービングケアを選択した割合が高かったが，母子分離が母親の精神症状を悪化させたということで，子どもを家に帰したほうがいいと考えたからかもしれない。しかし，それでは以前と同じ状態に戻ってしまうであろう。

児童養護施設へ措置される場合，入所前から退所後まで4つのケアがあり，アドミッションケア（入所する前の準備としてのケア），インケア（施設に入所した子どもたちの日々を支えるケア），リービングケア（施設を退所する前の準備期間に行う支援），アフターケア（施設を退所した子どもたちへの支援）である。したがって，施設に入所することになって，すぐにリービングケアを開始することにはならない。

文献：東京都社会福祉協議会　リービングケア児童養護施設職員のための自立支援ハンドブック　2008

## 2022－70

問70　14歳の男子A，中学2年生。Aはささいなきっかけからクラスメイトにひどく殴り掛かったことで生徒指導を受けた。その後，Aの欠席が多くなってきたことが気になった担任教師Bは，公認心理師であるスクールカウンセラーCにAを紹介した。Cとの面接において，Aは，父親が母親にしばしば激しく暴力を振るい，母親が怪我をする場面を見てきたと述べた。しかし，父親からAへの暴力はないという。

　Cが優先的に行うべき対応として，最も適切なものを1つ選べ。

①　Aの家庭環境を詳細にアセスメントする。

②　外部機関と連携しAの発達検査を速やかに行う。

③　Bと協力してAと両親を交えた面談の場を設ける。

④　学校でカウンセリングを受けることをAの保護者に提案するよう，Bに伝える。

⑤　学校として児童相談所などに虐待の通告を行うために，管理職などに事実経過を伝える。

## 2022−70　虐待への対応

問 70　14 歳の男子Ａ，中学２年生。Ａはささいなきっかけからクラスメイトにひどく殴り掛かったことで生徒指導を受けた。その後，Ａの欠席が多くなってきたことが気になった担任教師Ｂは，公認心理師であるスクールカウンセラーＣにＡを紹介した。Ｃとの面接において，Ａは，父親が母親にしばしば激しく暴力を振るい，母親が怪我をする場面を見てきたと述べた。しかし，父親からＡへの暴力はないという。

Ｃが優先的に行うべき対応として，最も適切なものを１つ選べ。

① Ａの家庭環境を詳細にアセスメントする。
② 外部機関と連携しＡの発達検査を速やかに行う。
③ Ｂと協力してＡと両親を交えた面談の場を設ける。
④ 学校でカウンセリングを受けることをＡの保護者に提案するよう，Ｂに伝える。
⑤ 学校として児童相談所などに虐待の通告を行うために，管理職などに事実経過を伝える。

まず，選択肢を眺めると，５つの対応は①家庭環境のアセスメント，②発達検査の実施，③両親を交えた面接の場，④カウンセリングの提案，⑤虐待の通告と簡略化できる。

事例のポイントは，父親が母親にしばしば激しく暴力を振るっているのを見ていることである。Ａの心がかなり傷ついていて，その影響でクラスメイトにひどく殴り掛かったり，不登校気味になっていることが推察される。したがって，①の家庭環境をアセスメントしても，今さら意味がない。②の発達検査は，Ａに何らかの遅れがあるという記述は見られない。以上のことから，①②は適切でない。

③の両親を交えた面接の場を設けても，DV を話題にされることを避けて面接の場に現れないかもしれない。④の学校でカウンセリングを受けることは，カウンセリングは必要であっても不登校気味なので，学校で受けることは難しいかもしれない。したがって，③④は適切とは言えない。

⑤の虐待の通告を行うことは，Ａは心理的虐待の状態と言えるので，これ以上心を傷つけることからＡを救うために必要な対応である。したがって，⑤が適切である。

## 選択肢の検討

① 不適切。Aが述べたことから家庭環境が悪いことは明白である。

② 不適切。Aに発達上の問題があるという記述は見られない。

③ 不適切。父親が面接の場に現れるとは思えない。

④ 不適切。カウンセリングは必要であるが学校で受けるのは難しい。

⑤ 適切。

**解　答**　⑤

【辰已法律研究所の出口調査に基づく正答率と肢別解答率　2543人Data】

| 正答率 | 肢1 | 肢2 | 肢3 | 肢4 | 肢5 |
|---|---|---|---|---|---|
| 82.7% | 15.3% | 0.2% | 1.0% | 0.7% | 82.7% |

## 着眼点

選択肢を選んだ割合は，①15.3%，⑤82.7%に二分されているが，⑤の正答率が高いので標準的な問題と言えるであろう。本事例で何が最も重要かを考えると，父親からの身体的虐待はないが，父親から母親へのDVをしばしば見ているので心理的虐待を受けていることである。それを知った以上，虐待の通告義務があるので，その線に沿って動くべきである。「家庭環境を詳細にアセスメントする」というのは，慎重に進めるという意味なのかもしれないが，虐待が疑われる場合でも通告できるので，最優先は早急に虐待通告の手続を行うことである。

## 2022−138

問 138　７歳の女児Ａ，小学１年生。両親による身体的虐待やネグレクトにより４歳から児童養護施設で生活している。Ａは，学業成績に問題はなく，質問への返答も的確である。その一方で，施設入所以来，笑うことがなく，苦痛や不平を一切訴えることがない。また，他人と交流せず孤立しており，Ａはそれを苦痛に感じていないようであった。ある日，Ａが学校で継続的ないじめを受けていることが発覚した。加害児童は，「Ａは話しかけても無視するし，全然笑ってくれない」と話した。施設の担当職員に対しては入所時よりも若干柔らかい表情を示すようになってきている。

DSM-５の診断基準から考えられるＡの病態として，最も適切なものを１つ選べ。

① 脱抑制型対人交流障害
② 心的外傷後ストレス障害〈PTSD〉
③ 反応性アタッチメント障害／反応性愛着障害
④ 自閉スペクトラム症／自閉症スペクトラム障害〈ASD〉
⑤ 小児期発症流暢症（吃音）／小児期発症流暢障害（吃音）

## 2022−138　アタッチメント障害

問 138　７歳の女児Ａ，小学１年生。両親による身体的虐待やネグレクトにより４歳から児童養護施設で生活している。Ａは，学業成績に問題はなく，質問への返答も的確である。その一方で，施設入所以来，笑うことがなく，苦痛や不平を一切訴えることがない。また，他人と交流せず孤立しており，Ａはそれを苦痛に感じていないようであった。ある日，Ａが学校で継続的ないじめを受けていることが発覚した。加害児童は，「Ａは話しかけても無視するし，全然笑ってくれない」と話した。施設の担当職員に対しては入所時よりも若干柔らかい表情を示すようになってきている。

DSM-5の診断基準から考えられるＡの病態として，最も適切なものを１つ選べ。

① 脱抑制型対人交流障害
② 心的外傷後ストレス障害〈PTSD〉
③ 反応性アタッチメント障害／反応性愛着障害
④ 自閉スペクトラム症／自閉症スペクトラム障害〈ASD〉
⑤ 小児期発症流暢症（吃音）／小児期発症流暢障害（吃音）

まず，選択肢を眺めると，虐待の影響と思われること（①②③）と，その他（④⑤）に分けることができる。

「質問への返答も的確である」ということから会話に問題がないので，④は適切でない。また，吃音の症状を示す記述もないので，⑤は適切でない。

虐待を受けたことを思い出して泣いたり，悪夢を見て怖がったりするといった記述はなく，PTSD を疑う必要はないので，②は適切でない。残る①③であるが，脱抑制型対人交流障害は，初対面の見知らぬ人にも警戒心なく近づき，過剰になれなれしい言葉や態度で接する行動がみられるので，Ａの様子とは異なり①は適切でない。それに対して，反応性アタッチメント障害は，うれしさや楽しさの表現が少なく，相手に無関心で用心深く，人との交流や気持ちの反応の少なさが特徴で，一見すると自閉スペクトラム症のような症状を示す。これは，Ａの様子と一致するので，③が適切である。

## 選択肢の検討

① 不適切。Aの様子と正反対である。
② 不適切。そのような症状は見られない。
③ 適切。
④ 不適切。一見そのような症状を示すが，質問への返答が的確である。
⑤ 不適切。そのような症状を示す記述がない。

**解 答** ③

【辰巳法律研究所の出口調査に基づく正答率と肢別解答率 2543人 Data】

| 正答率 | 肢1 | 肢2 | 肢3 | 肢4 | 肢5 |
|---|---|---|---|---|---|
| 85.4% | 9.0% | 3.8% | 85.4% | 1.8% | 0.0% |

## 着眼点

選択肢を選んだ割合は，③85.4%に集中しており，標準的な問題である。身体的虐待やネグレクトの影響で愛着形成に問題があると考えられる。愛着障害には①と③の二つのタイプがあるので，そのどちらかであることが推察される。

文献：高橋三郎・大野 裕監訳 DSM-5 精神疾患の分類と診断の手引 医学書院 2014

## 2022−145

**問145**　24歳の女性A。同居している男性Bから繰り返し暴力を受けている。ある日，怪我をしているAを心配して友人が問い詰めたところ，Bから日常的に暴力を受けていると語ったため，Bとの関係を解消し，家を出るように勧めた。一時は，「関係を解消しようかな」と言っていたAであったが，結局Bとの関係を解消することはなく，再び暴力を受けることになった。その後も周囲が関係の解消や相談機関への相談を勧めたことで，一時家を離れることもあったが結局はBの元に戻り，暴力を受けることを繰り返している。

このように暴力の被害者が，被害を受ける関係の中に留まり続ける現象を説明するものとして，最も適切なものを１つ選べ。

① バウンダリー
② ハネムーン期
③ 複雑性 PTSD
④ サバイバーズ・ギルト
⑤ トラウマティック・ボンディング

## 2022−145 DV

問 145　24 歳の女性A。同居している男性Bから繰り返し暴力を受けている。ある日，怪我をしているAを心配して友人が問い詰めたところ，Bから日常的に暴力を受けていると語ったため，Bとの関係を解消し，家を出るように勧めた。一時は，「関係を解消しようかな」と言っていたAであったが，結局Bとの関係を解消することはなく，再び暴力を受けることになった。その後も周囲が関係の解消や相談機関への相談を勧めたことで，一時家を離れることもあったが結局はBの元に戻り，暴力を受けることを繰り返している。

このように暴力の被害者が，被害を受ける関係の中に留まり続ける現象を説明するものとして，最も適切なものを１つ選べ。

① バウンダリー
② ハネムーン期
③ 複雑性 PTSD
④ サバイバーズ・ギルト
⑤ トラウマティック・ボンディング

まず，選択肢を眺めると，何かしらの一貫性は感じられない。しかし，事例を読むとドメスティック・バイオレンス（DV）のことなので，②が目に付く。

①は自分と他者とを区別する境界線のことで，相手との心の境界線が曖昧になり，相手の領域に踏み込むのがバウンダリーオーバーである。しかし，Aはこのような心理状態ではないので，①は適切でない。③は虐待や DV などの持続的反復的なトラウマ体験をきっかけとして発症し，PTSD の主要症状に加えて，感情の調整や対人関係に困難がある等の症状を伴う（出典：ICD-11）。以上のような症状はAには見られないので，③は適切でない。④は戦争や虐殺などに遭いながらも生き残った人々が，犠牲者に対してもつ罪悪感のことで，Aには見られないので，④は適切でない。

DV には一定のサイクルがあり，蓄積期，爆発期，安定期（ハネムーン期）の三つの構成期間を循環していく。このうち安定期は，暴力によってストレスが発散された状態なので，比較的安定した精神状態の時期である。加害者が優しくなって「二度と暴力は振るわない」と約束したり，「俺が悪かった」などと泣いて謝罪したりするので，ハネムーン期とも呼ばれる。以上のように，DV の構成期間の１つなので，②は適切でない。

⑤は「トラウマ性結びつき」と言えるもので，DV 関係のような暴力などのトラウマティックな状況に置かれ続けることで，相手を慕うような感情が出てきて，「相手と離れたくない」と感じてしまう特殊な心理状態である（ストックホルム症候群）。Aの心理状態と一致するので，⑤が適切である。

## 選択肢の検討

① 不適切。自分と他者とを区別する境界線のことである。
② 不適切。DV の構成期間の１つである。
③ 不適切。PTSD の主要症状に加えて，感情の調整や対人関係に困難がある等の症状が見られるものである。
④ 不適切。犠牲者に対してもつ罪悪感のことである。
⑤ 適切。

**解　答**　⑤

【辰巳法律研究所の出口調査に基づく正答率と肢別解答率　2543 人 Data】

| 正答率 | 肢１ | 肢２ | 肢３ | 肢４ | 肢５ |
|---|---|---|---|---|---|
| 65.0% | 11.4% | 14.2% | 1.2% | 8.0% | 65.0% |

## 着眼点

選択肢を選んだ割合は，②14.2%，⑤65.0%に二分され，正解⑤の割合も高くないので，難解問題である。DV などのトラウマ体験による複雑性 PTSD は，症状であり現象ではない。同様に，加害者が優しくなるハネムーン期は，DV の構成期間の１つであり現象ではない。関連するものとして，2019 年－問 77 がある。

出典：デジタル大辞泉　ストックホルム症候群　小学館

## 2022－146

問 146　２歳の女児Ａ。Ａは，生後間もない頃から乳児院で暮らしている。定期的に行われてきた発達検査では年齢相応の発達がみられ，入所直後から担当養育者となったＢとの間にも安定した関係がみられている。その後，Ａが２歳となり，Ａは同じ県内にある児童養護施設に措置変更されることになった。児童養護施設では保育士ＣがＡの担当になることが決まり，受け入れに向けた準備が進められている。

この後，Ａが乳児院から児童養護施設へと措置変更となるプロセスにおける配慮として，最も適切なものを１つ選べ。

① 児童養護施設の受け入れ準備が整い次第，できるだけ早く措置変更をする。
② Ｃが先入観を持たないようにするために，乳児院でのＡの様子についてＢからＣに直接伝える機会は設けない。
③ 乳児院で暮らす他の子どもへの影響を考慮し，他の子どもとの間ではＡの措置変更に関することを話題にしない。
④ ＢがＡと児童養護施設を訪問したり，Ｃが乳児院を訪れてＡと交流するなど，ならし養育（訪問交流）の機会を設ける。
⑤ Ｂとの別れや乳児院を離れることはＡにとってつらい経験となることを考慮して，措置変更に関することは直前までＡに伝えない。

## 2022−146 環境調整

問146　2歳の女児A。Aは，生後間もない頃から乳児院で暮らしている。定期的に行われてきた発達検査では年齢相応の発達がみられ，入所直後から担当養育者となったBとの間にも安定した関係がみられている。その後，Aが2歳となり，Aは同じ県内にある児童養護施設に措置変更されることになった。児童養護施設では保育士CがAの担当になることが決まり，受け入れに向けた準備が進められている。

この後，Aが乳児院から児童養護施設へと措置変更となるプロセスにおける配慮として，最も適切なものを1つ選べ。

① 児童養護施設の受け入れ準備が整い次第，できるだけ早く措置変更をする。
② Cが先入観を持たないようにするために，乳児院でのAの様子についてBからCに直接伝える機会は設けない。
③ 乳児院で暮らす他の子どもへの影響を考慮し，他の子どもとの間ではAの措置変更に関することを話題にしない。
④ BがAと児童養護施設を訪問したり，Cが乳児院を訪れてAと交流するなど，ならし養育（訪問交流）の機会を設ける。
⑤ Bとの別れや乳児院を離れることはAにとってつらい経験となることを考慮して，措置変更に関することは直前までAに伝えない。

まず，選択肢を眺めると，できるだけ早く措置変更する（①）のと，時間をかけて措置変更する（④）のとがある。また，措置変更のことを他の子どもに話さない（③）のと，本人に話さない（⑤）のとがある。

措置変更のことを本人はもちろん他の子どもにも事前に話さず直前に話した場合，本人に心の準備がないため不安になって，施設を変わることを拒否するかもしれない。他の子どもたちも動揺し，Aが施設を変わることに不満を抱くかもしれない。したがって，不安・不満をもたらすと想定されるため，本人や他の子どもに施設変更のことを伝えないのは誤った対応であり，③⑤は適切でない。

先入観を持たないようにすることを考えるより，Aのことを知ってもらい理解してもらうことを優先すべきである。そのためには，乳児院での様子を直接伝える機会を設ける必要があるので，②は適切でない。

「ならし保育」というのがあるが，子どもがこれから通う保育園や幼稚園で過ごしながら少しずつ慣れていくために行うものである。それは初めての場所や人に対して，不安な気持抱くことになるからである。そのストレスを軽減させるのが訪問交流ある。できるだけ早く措置変更するのではなく，訪問交流の機会を設けて子どもが慣れてから措置変更する必要がある。したがって，①は適切でなく，④が適切である。

## 選択肢の検討

① 不適切。子どもが新しい施設に慣れるまで時間をかける必要がある。
② 不適切。乳児院での様子を直接伝える機会を設ける必要がある。
③ 不適切。他の子どもに措置変更ことを伝える必要がある。
④ 適切。
⑤ 不適切。本人に措置変更のことを事前に伝えておく必要がある。

**解　答**　④

【辰巳法律研究所の出口調査に基づく正答率と肢別解答率　2543 人 Data】

| 正答率 | 肢1 | 肢2 | 肢3 | 肢4 | 肢5 |
|---|---|---|---|---|---|
| 99.1% | 0.0% | 0.0% | 0.6% | 99.1% | 0.1% |

## 着 眼 点

選択肢を選んだ割合は，④99.1%に集中しており，標準的な易しい問題である。ならし保育と同様に，ならし養育（訪問交流）を実施した後，措置変更するのが適切である。

## 2022－154

問 154　9歳の男児A，小学3年生。Aの両親はけんかが絶えず，父親から母子に対する暴力のため警察が出動することもあり，要保護児童対策協議会で支援が検討されていた。ある日，Aが提出したテストの余白に，「しばらく前にママがいなくなりました。たすけてください」との記述を担任教師が発見した。これを受けて学校は直ちに，管理職，学年主任，担任教師，スクールカウンセラーなどを交えて対応を検討し，担任教師がAに声掛けをするとともに，市の虐待対応担当課に通告することになった。

この状況における学校の対応として，適切なものを2つ選べ。

① 記述の内容について，Aの父親に確認する。
② 通告に至る事実関係を，時系列に沿って具体的に記録する。
③ 声掛けの際には，AがSOSを出すことができた力を支持する。
④ 担任教師がAに声掛けした後，管理職が現状をAに詳細に確認する。
⑤ 声掛けの際には，Aの発言内容は誰にも言わないことをAに保証する。

## 2022－154　虐待への対応

問 154　9歳の男児A，小学3年生。Aの両親はけんかが絶えず，父親から母子に対する暴力のため警察が出動することもあり，要保護児童対策協議会で支援が検討されていた。ある日，Aが提出したテストの余白に，「しばらく前にママがいなくなりました。たすけてください」との記述を担任教師が発見した。これを受けて学校は直ちに，管理職，学年主任，担任教師，スクールカウンセラーなどを交えて対応を検討し，担任教師がAに声掛けをするとともに，市の虐待対応担当課に通告することになった。

この状況における学校の対応として，適切なものを2つ選べ。

① 記述の内容について，Aの父親に確認する。
② 通告に至る事実関係を，時系列に沿って具体的に記録する。
③ 声掛けの際には，AがSOSを出すことができた力を支持する。
④ 担任教師がAに声掛けした後，管理職が現状をAに詳細に確認する。
⑤ 声掛けの際には，Aの発言内容は誰にも言わないことをAに保証する。

本事例の場合は，市の虐待対応担当課に通告することになったが，一般的には福祉事務所所長宛か児童相談所所長宛に児童虐待通告書を提出する。それには，通告の主旨，虐待が疑われる事実を書面にし，証拠資料（添付資料として証拠資料写し）を添付する（出典：刑事告訴・告発支援センター）。

したがって，通告書を作成するために，通告に至った経緯を具体的に記録しておく必要がある。その際，虐待の事実を父親に確認する必要はない。そうした場合，虐待の通告を父親に妨害される恐れもあるからである。以上のことから，①は適切でなく，②は適切である。

助けを求めた児童への配慮として，要保護児童対策協議会で支援が検討されていたケースでもあり，SOSを出すことができたことを支持する声かけだけで十分で，管理職が詳細に確認する必要はない。かえって，辛いことを思い出させることになる。以上のことから，③は適切であるが，④は適切でない。

⑤について，虐待通告されたことは父親の知るところとなるので，発言内容を公言しないことをあえて言う必要はなく，⑤は適切でない。

## 選択肢の検討

① 不適切。虐待の内容を父親に確認する必要はない。
② 適切。
③ 適切。
④ 不適切。これ以上の確認は必要ない。
⑤ 不適切。発言内容を公言しないことをあえて言う必要はない。

**解　答**　②，③

【辰巳法律研究所の出口調査に基づく正答率と肢別解答率　2543人 Data】

| 正答率 | 解答欄 | 肢1 | 肢2 | 肢3 | 肢4 | 肢5 |
|---|---|---|---|---|---|---|
| 93.9% | No.174 | 0.9% | 95.7% | 3.2% | 0.1% | 0.0% |
| | No.175 | 0.0% | 0.7% | 94.0% | 2.9% | 2.1% |

## 着眼点

選択肢を選んだ割合は，②95.7%に集中しており，標準的な問題である。虐待の通告をする際は，虐待について加害者（父親）に確認する必要はないし，子どもの発言内容を上司に報告しても守秘義務違反にはならない。また，虐待通告がされれば，子どもが訴えたことを父親は知ることになるので，すべてが明るみに出ることになる。

# 3　教育

## 2022－62

問 62　20 歳の男性Ａ，大学２年生。単位取得ができず留年が決まり，母親Ｂに連れられて，学生相談室の公認心理師Ｃが面接した。Ｂの話では，１年次からクラスになじめず孤立しており，授業もあまり受講していない。サークル活動やアルバイトもしておらず，ほとんど外出していない。昼夜逆転気味で自室でゲームをして過ごすことが多い。Ａは，「何も困っていることはない。なぜ相談しなければいけないのか分からない」と，相談室に連れてこられたことへの不満を述べるものの，相談を継続することは渋々承諾している。

ＣのＡへの初期の対応として，最も適切なものを１つ選べ。

① 情緒的側面に触れながら，問題への気づきを徐々に促す。
② 自室のゲーム機を片付けるといった刺激のコントロールを試みるよう促す。
③ 問題状況を改善するための目標設定とその優先順位を検討するよう働きかける。
④ 自分の価値観を点検し，自分の言動が周囲にどのような影響を与えるのかについて考えるよう促す。
⑤ 授業に出ることについてポジティブなフィードバックを与えて，望ましい行動が強化されるよう働きかける。

## 2022−62　学生相談

問62　20歳の男性A，大学2年生。単位取得ができず留年が決まり，母親Bに連れられて，学生相談室の公認心理師Cが面接した。Bの話では，1年次からクラスになじめず孤立しており，授業もあまり受講していない。サークル活動やアルバイトもしておらず，ほとんど外出していない。昼夜逆転気味で自室でゲームをして過ごすことが多い。Aは，「何も困っていることはない。なぜ相談しなければいけないのか分からない」と，相談室に連れてこられたことへの不満を述べるものの，相談を継続することは渋々承諾している。

CのAへの初期の対応として，最も適切なものを1つ選べ。

① 情緒的側面に触れながら，問題への気づきを徐々に促す。
② 自室のゲーム機を片付けるといった刺激のコントロールを試みるよう促す。
③ 問題状況を改善するための目標設定とその優先順位を検討するよう働きかける。
④ 自分の価値観を点検し，自分の言動が周囲にどのような影響を与えるのかについて考えるよう促す。
⑤ 授業に出ることについてポジティブなフィードバックを与えて，望ましい行動が強化されるよう働きかける。

まず，選択肢を眺めると，初期対応が挙げられているが，Aは相談意欲がないのでAの現状を否定あるいは非難につながることは避ける必要がある。

②の「自室のゲーム機を片付ける」は現状の否定になるので，不適切な対応である。④の「自分の言動が周囲にどのような影響を与えるのかについて考えるよう促す」は，周囲に悪影響を与えているということを暗示し，Aへの非難に受け取られかねないので，不適切な対応である。⑤の「授業に出ること」は，対人面の改善がなければ続かないと思われ，不適切な対応である。

残りの①と③に関連することで，Aの「何も困っていることはない」ということが，実は問題なのであり，対応のポイントになるであろう。そのことに気づかせていくことが，初期の対応として必要である。その際，大学で孤立し，寂しい思いをしたことへの配慮をしつつ，現状を変えていこうという意欲を持たせることが大事である。したがって，①の「問題への気づき」，③の「問題状況を改善」がキーワードである。まず問題への気づきを促し，その後，問題状況を改善するための目標設定とその優先順位を検討することになる。以上のことから，③よりも①が初期の対応として適切である。

## 選択肢の検討

① 適切。
② 不適切。現状の否定につながる。
③ 不適切。初期対応の次にすべきことである。
④ 不適切。Aへの非難に受け取られかねない。
⑤ 不適切。現状では困難である。

**解　答**　①

【辰已法律研究所の出口調査に基づく正答率と肢別解答率　2543人 Data】

| 正答率 | 肢1 | 肢2 | 肢3 | 肢4 | 肢5 |
|---|---|---|---|---|---|
| 95.2% | 95.2% | 0.2% | 1.3% | 1.7% | 1.5% |

## 着眼点

選択肢を選んだ割合は，①95.2%と集中しており，易しい標準的な問題である。カウンセラーの初期対応の基本であり，間違うことを許されない問題である。まずはクライエントのペースに合わせて，ゆっくり関わっていくことである。そして，徐々にクライエントの問題に気づかせていくのである。

## 2022－76

問 76　10 歳の女児A，小学４年生。小学３年生の３月に限局性学習症／限局性学習障害〈SLD〉と診断された。新学期が始まり，スクールカウンセラーBはAの担任教師Cから，Aに対する支援について相談を受けた。Cの情報によると，Aはおとなしく穏やかな性格であり，他の児童との交流は良好である。一方で，語彙が乏しいため，自分の気持ちを適切に表現できない様子がみられる。授業中は，板書をノートに書き写すことに時間がかかっている。結果として，学習に遅れが生じている。

Bの最初の対応として，最も適切なものを１つ選べ。

① 個別の指導の時間をとるようCに助言する。

② Aの感情の言語化を促すようにCに助言する。

③ Aに知能検査を実施して，認知機能の偏りを把握する。

④ 授業中の学習活動を観察して，Aの学習方略とつまずきを把握する。

## 2022−76　限局性学習障害（SLD）

問 76　10 歳の女児Ａ，小学４年生。小学３年生の３月に限局性学習症／限局性学習障害〈SLD〉と診断された。新学期が始まり，スクールカウンセラーＢはＡの担任教師Ｃから，Ａに対する支援について相談を受けた。Ｃの情報によると，Ａはおとなしく穏やかな性格であり，他の児童との交流は良好である。一方で，語彙が乏しいため，自分の気持ちを適切に表現できない様子がみられる。授業中は，板書をノートに書き写すことに時間がかかっている。結果として，学習に遅れが生じている。

Ｂの最初の対応として，最も適切なものを１つ選べ。

① 個別の指導の時間をとるようＣに助言する。
② Ａの感情の言語化を促すようにＣに助言する。
③ Ａに知能検査を実施して，認知機能の偏りを把握する。
④ 授業中の学習活動を観察して，Ａの学習方略とつまずきを把握する。

まず，選択肢を眺めると，いずれの対応も間違いではないように思われる。その中で，小学４年生のＣは小学３年生の３月に限局性学習障害と診断されているので，その時点で知能検査は実施されているはずである。したがって，認知機能の偏りを把握するのであれば，診断した機関に問い合わせればいいので，③の知能検査を実施する必要はない。

Ａは，「語彙が乏しいため，自分の気持ちを適切に表現できない様子がみられる」が，「他の児童との交流は良好である」ので，あえて感情の言語化を促す必要はないと思われる。したがって，②は最も適切とは言えない。

Ａは，「授業中は，板書をノートに書き写すことに時間がかかっている。結果として，学習に遅れが生じている」とあるので，なぜ板書をノートに書き写すことに時間がかかるのかを観察して，もっと効率的なやり方を見つければ，学習の遅れを取り戻せるように思われる。したがって，④が最も適切である。

①の個別の指導は，もっと遅れが顕著になったときに必要と思われるが，今はつまずきの原因を把握するほうが喫緊の課題である。したがって，①は最も適切とは言えない。

## 選択肢の検討

① 不適切。今はまだ優先すべきことがある。
② 不適切。あえて感情の言語化を促す必要はない。
③ 不適切。知能検査はすでに実施されていると思われる。
④ 適切。

**解　答**　④

【辰已法律研究所の出口調査に基づく正答率と肢別解答率　2543人 Data】

| 正答率 | 肢1 | 肢2 | 肢3 | 肢4 | 肢5 |
|---|---|---|---|---|---|
| 78.0% | 9.7% | 1.7% | 8.7% | 78.0% | 1.8% |

## 着 眼 点

選択肢を選んだ割合は，④78.0%に集中しているので，標準的な問題である。学習に遅れが生じている場合，どのように対応するかという問題である。個別指導を行う前に，一斉授業で何をすれば良いかが問われている。

## 2022－147

問 147　14 歳の女子Ａ，中学２年生。元気がないＡの様子を心配した担任教師Ｂからスクールカウンセラ－Ｃに相談があった。Ａは，おとなしく目立たない性格であり，成績は中程度である。学校生活では自信のない様子が目立つ。ＣがＡと面接を行ったところ，次のことが分かった。中学２年生でクラス替えがあり，女子生徒の間ではすでにソーシャル・ネットワーキング・サービス〈SNS〉のグループが複数できていた。Ａは孤立を感じ次第に登校が苦痛になってきた。厳格な親から SNS を禁止されており，いらいら感が高じ，自室にこもって，カッターで手首を傷つけるようになったという。

Ｃの初期の対応として，最も適切なものを１つ選べ。

①　希死念慮の有無についてＡに問うことは控える。
②　Ａが手首を傷つけないようＢに指導を依頼する。
③　直ちにＡを精神科に紹介し，主治医の指示を待つ。
④　Ａの自傷行為の習慣性についてのアセスメントを行う。
⑤　Ｂと連携してＡが SNS のグループに入れるよう，親に働きかける。

## 2022−147　リスクアセスメント

問147　14歳の女子A，中学2年生。元気がないAの様子を心配した担任教師Bからスクールカウンセラー Cに相談があった。Aは，おとなしく目立たない性格であり，成績は中程度である。学校生活では自信のない様子が目立つ。CがAと面接を行ったところ，次のことが分かった。中学2年生でクラス替えがあり，女子生徒の間ではすでにソーシャル・ネットワーキング・サービス〈SNS〉のグループが複数できていた。Aは孤立を感じ次第に登校が苦痛になってきた。厳格な親からSNSを禁止されており，いらいら感が高じ，自室にこもって，カッターで手首を傷つけるようになったという。

Cの初期の対応として，最も適切なものを1つ選べ。

① 希死念慮の有無についてAに問うことは控える。
② Aが手首を傷つけないようBに指導を依頼する。
③ 直ちにAを精神科に紹介し，主治医の指示を待つ。
④ Aの自傷行為の習慣性についてのアセスメントを行う。
⑤ Bと連携してAがSNSのグループに入れるよう，親に働きかける。

まず，選択肢を眺めると，カウンセラーがAに働きかけるより誰かに依頼するものが多く，②は「担任教師に指導を依頼する」，③は「主治医の指示を待つ」，⑤は「親に働きかける」である。

Aの自傷行為はカッターで手首を傷つけているので自殺の怖れがあり，希死念慮の有無については聞いておく必要がある。したがって，①は適切でない。

②の自傷行為は面接で分かったことであり，Aの了解を得ずに担任教師に話すのは守秘義務違反である。③の精神科に紹介する前に，必要なアセスメントを行うことが求められる。⑤のSNSのグループにAが入れたとしても，自傷行為が無くなるとは限らない。以上のことから，②③⑤はいずれも適切でない。

残る④は，自傷行為が一過性のものか常習性のものかを知る必要があり，その後，カウンセリングを続けるか精神科の受診を勧めるかを判断することになる。「診断から治療へ」というのが原則であり，④が適切である。

## 選択肢の検討

①　不適切。希死念慮の有無は聞いておく必要がある。
②　不適切。担任教師に自傷行為のことを話すのはAの了解が必要である。
③　不適切。精神科に紹介する前に心理診断面接が必要である。
④　適切。
⑤　不適切。グループに入れたとしても自傷行為が無くなるとは限らない。

**解　答**　④

【辰巳法律研究所の出口調査に基づく正答率と肢別解答率　2543人 Data】

| 正答率 | 肢1 | 肢2 | 肢3 | 肢4 | 肢5 |
|---|---|---|---|---|---|
| 81.5% | 0.9% | 0.0% | 17.1% | 81.5% | 0.3% |

## 着眼点

選択肢を選んだ割合は，③17.1%，④81.5%に二分されているが，正解の④が比較的高い割合なので，標準的な問題と言えるであろう。「カッターで手首を傷つけるようになった」ということが一番問題である。なぜなら，死に結び付くことがあるからである。したがって，「①　希死念慮の有無についてAに問うことは控える」は不適切であるが，「希死念慮の有無についてAに問う」であれば適切である。解説にも書いたが，「診断から治療へ」が原則なので，まずは自傷行為の習慣性についてのアセスメントを行う必要がある。

## 2022－148

問 148　20 歳の男性Ａ，大学工学部の２年生。Ａからの申出はないが，Ａの家族Ｂより，実験のあった日のＡの疲労が激しいため，サポーターをつけてほしいと，学生相談室のカウンセラーＣに相談があり，ＣはＡ及びＢと３者面談を行った。Ａは，小学校高学年時に児童精神科を受診し，発達障害の診断を受けた。以後，高校までは，授業中の課題や宿題について代替措置を講じてもらうなど配慮を受けてきた。大学では，実験の際，指示の理解に時間がかかり，また手先が不器用で器具の扱いがスムーズにできないことで，教員にしばしば注意されている。授業時間が終わっても，居残りで実験をすることが多い。

合理的配慮について，ＣのＢへの対応として，最も適切なものを１つ選べ。

①　支援方法はＡとＣの合意によって決められると説明する。

②　Ａの精神障害者保健福祉手帳の取得が必須であると説明する。

③　合理的配慮を受けるには心理検査の結果が必要であることを説明する。

④　Ａが，授業を担当する教員に配慮内容について直接交渉する必要があると説明する。

⑤　Ｃは，Ａの意思を尊重しながら大学の学生支援の担当者に伝え，支援を依頼できると説明する。

## 2022−148 合理的配慮

問148　20歳の男性A，大学工学部の2年生。Aからの申出はないが，Aの家族Bより，実験のあった日のAの疲労が激しいため，サポーターをつけてほしいと，学生相談室のカウンセラーCに相談があり，CはA及びBと3者面談を行った。Aは，小学校高学年時に児童精神科を受診し，発達障害の診断を受けた。以後，高校までは，授業中の課題や宿題について代替措置を講じてもらうなど配慮を受けてきた。大学では，実験の際，指示の理解に時間がかかり，また手先が不器用で器具の扱いがスムーズにできないことで，教員にしばしば注意されている。授業時間が終わっても，居残りで実験をすることが多い。

合理的配慮について，CのBへの対応として，最も適切なものを1つ選べ。

① 支援方法はAとCの合意によって決められると説明する。
② Aの精神障害者保健福祉手帳の取得が必須であると説明する。
③ 合理的配慮を受けるには心理検査の結果が必要であることを説明する。
④ Aが，授業を担当する教員に配慮内容について直接交渉する必要があると説明する。
⑤ Cは，Aの意思を尊重しながら大学の学生支援の担当者に伝え，支援を依頼できると説明する。

まず，合理的配慮とは，障害者が社会の中で出会う，困りごと・障壁を取り除くための調整や変更のことである。2006年に国連で採択された，障害者権利条約（障害者の権利に関する条約：日本は2014年に批准）の条文で盛り込まれたこの考えは，障害者権利条約の実効性を持たせるための国内法でもある障害者差別解消法（障害を理由とする差別の解消の推進に関する法律，2016年施行）においても取り入れられるようになり，認知が広まった。2021年の第204回通常国会において改正障害者差別解消法が成立し，これにより民間事業者においても合理的配慮が法的義務化された（公布から3年以内に施行される）。

障害者差別解消法には，行政や民間業者に対して障害を理由とした不当な差別的な取り扱いを禁止するほかに，障害者から社会的障壁の除去の意思表明があった際に，過重な負担にならないときは必要かつ合理的な配慮をするように努めなくてはならないということが定められている。

以上により選択肢を見ると，①について支援方法はAとCの合意によって決められるものではないので，①は適切でない。②について精神障害者保健福祉手帳の取得は必要ないので，②は適切でない。③について合理的配慮を受けるには心理検査の結果は必要ないので，③は適切でない。④について配慮内容の交渉は支援担当者が行うので，④は適切でない。

残る⑤に関して，Aの意思を尊重しながら大学の学生支援の担当者に伝えることで，合理的配慮が行われる。したがって，⑤が適切である。

## 選択肢の検討

① 不適切。支援方法はAとCの合意によって決めるものではない。
② 不適切。精神障害者保健福祉手帳の取得は必須ではない。
③ 不適切。心理検査の結果は必要ない。
④ 不適切。Aが直接交渉する必要ない。
⑤ 適切。

**解　答**　⑤

【辰巳法律研究所の出口調査に基づく正答率と肢別解答率　2543人 Data】

| 正答率 | 肢1 | 肢2 | 肢3 | 肢4 | 肢5 |
|---|---|---|---|---|---|
| 88.8% | 0.9% | 0.2% | 1.1% | 8.8% | 88.8% |

## 着眼点

選択肢を選んだ割合は，⑤88.8%に集中しており，標準的な問題である。合理的配慮に関する法律は，「障害者差別解消法，2016」「改正障害者差別解消法，2021」を参照していただきたい。

文献：福島哲夫他　公認心理師必携テキスト　合理的配慮　学研　2018

## 2022－152

問 152　14 歳の女子A，中学２年生。Aは，同級生からのいじめについて，同じ中学校に勤務しているスクールカウンセラーBに相談をしている。Aについて，教育相談コーディネーターの教師が中心となって支援チームの会議が開かれた。支援チームの会議には，Bのほかに，Aの担任教師と学年主任，養護教諭，生徒指導主事及び管理職が参加した。会議ではAの支援や学校としての対応をどのように行うかが検討された。

　Bの会議での対応として，不適切なものを１つ選べ。

① いじめに関する専門的な知見などを提供する。
② いじめの重大事態かどうかの判断を主導する。
③ クラスや学年などで行う心理教育の実施について検討する。
④ Aの具体的な支援策に関わる教職員研修の実施について検討する。
⑤ 守秘義務に配慮しながら，Aとの面接についての情報や見立てを提供する。

## 2022−152 いじめ

問152　14歳の女子A，中学2年生。Aは，同級生からのいじめについて，同じ中学校に勤務しているスクールカウンセラーBに相談をしている。Aについて，教育相談コーディネーターの教師が中心となって支援チームの会議が開かれた。支援チームの会議には，Bのほかに，Aの担任教師と学年主任，養護教諭，生徒指導主事及び管理職が参加した。会議ではAの支援や学校としての対応をどのように行うかが検討された。

Bの会議での対応として，不適切なものを1つ選べ。

① いじめに関する専門的な知見などを提供する。
② いじめの重大事態かどうかの判断を主導する。
③ クラスや学年などで行う心理教育の実施について検討する。
④ Aの具体的な支援策に関わる教職員研修の実施について検討する。
⑤ 守秘義務に配慮しながら，Aとの面接についての情報や見立てを提供する。

スクールカウンセラーの役割についての問題であり，選択肢を眺めると，それらが並んでいる。

スクールカウンセラーの主な職務を見ると（文科省，平成23年），①専門的な知見の提供，⑤見立て（アセスメント）の提供は当然の職務であり，①⑤は適切である。

研修を行うことも職務なので，④教職員研修の実施や，③児童生徒への心理教育の実施も考えられるので，③④は適切である。

残る②に関して，いじめ防止対策推進法28条では「当該学校の設置者又はその設置する学校の下に組織を設け，質問表の使用その他の適切な方法により当該重大事態にかかる事実関係を明確にするための調査を行うものする」とあり，いじめの重大事態の判断は支援チームが行う。したがって，②は適切でない。

## 選択肢の検討

① 適切。

② 不適切。スクールカウンセラーは支援チームの一員であり，いじめの重大事態の判断を主導するものではない。

③ 適切。

④ 適切。

⑤ 適切。

**解　答**　②

【辰巳法律研究所の出口調査に基づく正答率と肢別解答率　2543人 Data】

| 正答率 | 肢1 | 肢2 | 肢3 | 肢4 | 肢5 |
|---|---|---|---|---|---|
| 94.7% | 1.6% | 94.7% | 1.1% | 1.1% | 1.3% |

## 着 眼 点

選択肢を選んだ割合は，②94.7%に集中しており，標準的な問題である。スクールカウンセラーの職務を見直しておく必要がある。

文献：福島哲夫他　公認心理師必携テキスト　スクールカウンセラー　学研　2018

## 2022－153

問 153　30 歳の男性A，中学２年生の担任教師。Aは，担任をしている男子生徒Bから，中学１年生の初めての定期テストで，テストの成績が悪かったことについて相談を受けた。その際，「準備不足だったかな」と伝え，Bを励ました。その後も，AはBを同様に励まし続け，Bも努力を続けていたが，成績は下がってきている。

原因帰属の観点から，AのBへの言葉掛けとして，最も適切なものを１つ選べ。

① 上手くいかなかったのは，問題が難しかったからかもしれないね。
② 上手くいかなかったのは，努力がまだまだ足りなかったからかもしれないね。
③ 上手くいかなかったのは，勉強方法が合っていなかったからかもしれないね。
④ 上手くいかなかったのは，予想していなかった問題が出題されたからかもしれないね。

## 2022−153　原因帰属

問 153　30 歳の男性Ａ，中学２年生の担任教師。Ａは，担任をしている男子生徒Ｂから，中学１年生の初めての定期テストで，テストの成績が悪かったことについて相談を受けた。その際，「準備不足だったかな」と伝え，Ｂを励ました。その後も，ＡはＢを同様に励まし続け，Ｂも努力を続けていたが，成績は下がってきている。

原因帰属の観点から，ＡのＢへの言葉掛けとして，最も適切なものを１つ選べ。

① 上手くいかなかったのは，問題が難しかったからかもしれないね。
② 上手くいかなかったのは，努力がまだまだ足りなかったからかもしれないね。
③ 上手くいかなかったのは，勉強方法が合っていなかったからかもしれないね。
④ 上手くいかなかったのは，予想していなかった問題が出題されたからかもしれないね。

原因帰属に関する問題であり，選択肢を眺めると，結果に対する原因が並んでいる。

ワイナー（Weiner, B）は，達成課題における成功と失敗の原因を何に帰属させるのか，人はあるスタイルを持つと考え，２次元の原因帰属理論を提唱した。原因帰属のスタイルは，「統制（内的統制／外的統制）」及び「安定性（安定／不安定）」の組み合わせからなり，４つに分かれる。それらは，内的統制・安定が能力，内的統制・不安定が努力，外的統制・安定が課題の困難度，外的統制・不安定が運である。

Ｂは努力を続けたが，成績は下がってきているので，失敗していると判断できる。この場合は，内的統制・安定要因である能力に帰属すると恥を感じ，後の学習意欲は抑制される。外的統制・安定要因である課題の困難度や外的・不安定要因である運に帰属すると成功への期待が高まり学習意欲につながるが，自分自身でコントロールすることが不可能な要因である。①は課題の困難度，④は運に関することなので，①④は適切でない。

努力したがうまく行かなかった場合，努力が原因と考えるよりも，学習方法を変えるということが，成績の向上においては最も効果的と考えられる。したがって，②は適切でなく，③が適切である。

## 選択肢の検討

① 不適切。課題の困難度は自分自身でコントロールすることが不可能な要因である。
② 不適切。努力したがうまく行かなかった場合，他の方法を考えたほうが良い。
③ 適切。
④ 不適切。運は自分自身でコントロールすることが不可能な要因である。

**解　答**　③

【辰已法律研究所の出口調査に基づく正答率と肢別解答率　2543 人 Data】

| 正答率 | 肢 1 | 肢 2 | 肢 3 | 肢 4 |
|---|---|---|---|---|
| 93.3% | 1.7% | 2.9% | 93.3% | 2.0% |

## 着眼点

選択肢を選んだ割合は，③93.3%に集中しており，標準的な問題である。原因帰属に関するものは，過去に出題されているので参照していただきたい（2018－118，2018 追加－150）。

文献：北尾倫彦他　グラフィック心理学　サイエンス社　1997

ワイナーの原因帰属理論における成功・失敗の認知された原因
（Weiner，1979：竹綱，1996）

| 統制可能性 | 内　的 | | 外　的 | |
|---|---|---|---|---|
| | 安　定 | 不安定 | 安　定 | 不安定 |
| 統制不能 | 能力 | 気分 | 課題の困難度 | 運 |
| 統制可能 | 持続的な努力 | その時々の一時的な努力 | 教師の偏見 | 他者からの日常的でない援助 |

# 4　司法

## 2022－71

問71　15歳の男子A，中学3年生。Aは，推薦で高校に進学が決まってから，友人Bとよく遊んでいた。ある日，Bがゲームセンター内の窃盗で逮捕された。Aは直前までBと一緒にいたが，警察で共犯ではないと認められた。動揺していたAは教師の勧めで，スクールカウンセラーCに話を聴いてもらった。AはCに，「その日は，Bが置きっぱなしの財布を見つけ，盗んで遊ぼうと誘ってきた。迷ったが，そうすれば進学できなくなり，親にも迷惑をかけると思い，Bにやめた方がいいと言って帰宅した」と述べた。

Bの非行にAが加担しなかった理由を理解する上で，適合する非行理論として，最も適切なものを1つ選べ。

① A. K. Cohen の非行下位文化理論
② E. H. Sutherland の分化的接触理論
③ H. S. Becker のラベリング理論
④ R. K. Merton の緊張理論
⑤ T. Hirschi の社会的絆理論

## 2022−71　非行・犯罪の理論

問71　15歳の男子A，中学３年生。Aは，推薦で高校に進学が決まってから，友人Bとよく遊んでいた。ある日，Bがゲームセンター内の窃盗で逮捕された。Aは直前までBと一緒にいたが，警察で共犯ではないと認められた。動揺していたAは教師の勧めで，スクールカウンセラーCに話を聴いてもらった。AはCに，「その日は，Bが置きっぱなしの財布を見つけ，盗んで遊ぼうと誘ってきた。迷ったが，そうすれば進学できなくなり，親にも迷惑をかけると思い，Bにやめた方がいいと言って帰宅した」と述べた。

Bの非行にAが加担しなかった理由を理解する上で，適合する非行理論として，最も適切なものを１つ選べ。

① A. K. Cohen の非行下位文化理論
② E. H. Sutherland の分化的接触理論
③ H. S. Becker のラベリング理論
④ R. K. Merton の緊張理論
⑤ T. Hirschi の社会的絆理論

まず，選択肢を眺めると，すべて非行理論であるが，過去問（2020-141）に全く同じ形式の問題が出題されていたことに気がつく。そこでの選択肢と今回の選択肢で同じものは，非行下位文化理論，分化的接触理論，社会的絆理論であり，異なるのはラベリング理論，緊張理論である。

③ラベリング理論は，「社会集団は，これを犯せば逸脱となるような規則をもうけ，それを特定の人びとに適用し，彼らにアウトサイダーのレッテルを貼ることによって，逸脱を生み出す」という考え方である。④緊張理論は，「何らかの社会構造が，特定の圧力を一部の人びとに加えて逸脱行動を選択させている」という考え方で，アノミー理論とも呼ばれるが，アノミーとは「社会的規範の弛緩や崩壊によって生じる混乱状態」のことで，そのような状態が圧力を生み，逸脱行動を起こさせていると考える。以上のことは，AがBの非行に加担しなかった理由ではないので，③④は適切でない。

①②は非行グループに関係し，①の非行下位文化理論は，一般文化の下には非行少年たちの文化があり，その価値観をもってしまうという考え方であり，②の分化的接触理論は，グループで行われる犯罪行為や逸脱行動が，そこに属する個人に影響を与え，そのあり方を個人に学習させてしまうという考え方で

ある。以上のことから，AがBの非行に加担しなかった理由ではないので，①②は適切でない。

残る⑤の社会的絆理論は，「人が犯罪をしないのは社会とのしっかりとした絆があるから」と考える理論であり，Aは犯罪に加担すれば「進学できなくなり，親にも迷惑をかけると思い」と述べており，親との絆を感じさせる。したがって，⑤が適切である。

## 選択肢の検討

① 不適切。一般文化の下には非行少年たちの文化，価値観があるという考え方である。
② 不適切。グループで行われる犯罪行為などが個人のあり方を学習させてしまうという考え方である。
③ 不適切。アウトサイダーのレッテルを貼ることによって逸脱を生み出すという考え方である。
④ 不適切。特定の圧力を一部の人びとに加えて逸脱行動を選択させているという考え方である。
⑤ 適切。

**解　答**　⑤

【辰巳法律研究所の出口調査に基づく正答率と肢別解答率　2543人Data】

| 正答率 | 肢1 | 肢2 | 肢3 | 肢4 | 肢5 |
|---|---|---|---|---|---|
| 82.7% | 6.6% | 5.6% | 3.8% | 1.2% | 82.7% |

## 着眼点

選択肢を選んだ割合は，⑤82.7%に集中しており，標準的な問題である。しかし，非行の要因を説明する理論のうち外的要因（環境や社会など）を重視する理論がいろいろあるので，しっかり覚えておく必要がある。過去問として社会的絆理論に関する出題があるので，参照していただきたい（2019－98）。

文献：井上眞理子　少年非行の臨床社会学　奈良学園大学紀要第6集　2017

## 2022－75

問 75　22 歳の男性Ａ。Ａは，同居している父親を台所にあった果物ナイフで切りつけ，全治１か月の怪我を負わせた傷害事件で逮捕された。Ａに犯罪歴はない。Ａの弁護人によると，Ａは一人っ子で，両親との三人暮らしである。中学校入学直後から不登校になり，これまで短期のアルバイト経験はあったものの，本件当時は無職であった。動機についてＡは，「近所の人たちが自分の秘密を全て知っているのは，親父が言っているからだ。昔から殴られていたことの恨みもあった。だから刺した」と述べている。

Ａの情状鑑定で検討する事項として，誤っているものを１つ選べ。

① 性格の特性
② 認知の特性
③ 家族の関係性
④ 心神喪失状態の有無
⑤ 犯行当時の生活状況

## 2022−75 非行・犯罪のアセスメント

問75　22歳の男性A。Aは，同居している父親を台所にあった果物ナイフで切りつけ，全治1か月の怪我を負わせた傷害事件で逮捕された。Aに犯罪歴はない。Aの弁護人によると，Aは一人っ子で，両親との三人暮らしである。中学校入学直後から不登校になり，これまで短期のアルバイト経験はあったものの，本件当時は無職であった。動機についてAは，「近所の人たちが自分の秘密を全て知っているのは，親父が言っているからだ。昔から殴られていたことの恨みもあった。だから刺した」と述べている。

Aの情状鑑定で検討する事項として，誤っているものを1つ選べ。

① 性格の特性
② 認知の特性
③ 家族の関係性
④ 心神喪失状態の有無
⑤ 犯行当時の生活状況

まず，選択肢を眺めると，情状鑑定で検討すべき事項が並んでいる。

過去問として，情状鑑定に関する問題（2021−100）がある。これによると，情状鑑定は心理鑑定とも呼ばれ，裁判所が量刑判断を行うため，被告人に対する処遇方法を決定するために，必要な知識を提供することを目的とする鑑定である。それに対して精神鑑定は，刑事責任能力と訴訟能力が問えるかどうかを判断するための鑑定であり，簡易鑑定は精神鑑定のうち，刑事責任能力鑑定の起訴前鑑定の1つで（他に起訴前本鑑定がある），起訴前鑑定とは，検察官が被疑者を起訴して裁判にかけるかどうかを判断する前に，検察官の依頼で行う精神鑑定である。なお，簡易鑑定は捜査機関による取り調べ勾留期間のうち1日ないし半日で行い，起訴前本鑑定は鑑定のために2～3か月程度拘留して行う。

以上のことを踏まえて選択肢を検討すると，①②③⑤は心理学的な側面から被告人に対する処遇方針を決定するために必要な知識を提供するもので，情状鑑定で検討する事項であり，正しい。

残る④は，刑事責任能力を問えるかどうかを判断するための鑑定であり，すなわち精神鑑定になるので誤りである。

## 選択肢の検討

①　正しい。情状鑑定で検討すべき事項である。
②　正しい。情状鑑定で検討すべき事項である。
③　正しい。情状鑑定で検討すべき事項である。
④　誤り。
⑤　正しい。情状鑑定で検討すべき事項である。

**解　答**　④

【辰巳法律研究所の出口調査に基づく正答率と肢別解答率　2543人Data】

| 正答率 | 肢1 | 肢2 | 肢3 | 肢4 | 肢5 |
|---|---|---|---|---|---|
| 33.2% | 36.0% | 10.0% | 2.7% | 33.2% | 18.0% |

## 着眼点

選択肢を選んだ割合は，①36.0%，④33.2%に二分されており，④の正答率もかなり低いので，最難解問題である。鑑定については，刑事訴訟法において定められている。このうち精神鑑定は医師が担当し，情状鑑定については医師に限らず心理学者などの専門家も担当する。すなわち，量刑に酌むべき被告人の心理的背景を主張するために用いられるのが情状鑑定なので，いわゆる「情状酌量」の余地について検討するのが目的である。

## 2022－149

**問 149**　16 歳の女子Ａ，高校１年生。Ａは万引きをし，心配した両親に連れられて，市の教育相談室に来室し，公認心理師Ｂが面接した。Ａは，２週間前に店でペンを１本盗んだことが発覚した。ＡはＢに，「クラスメイトのＣが私のペンを欲しがり，誕生日祝いにちょうだいとしつこくせがんできた。Ｃと気まずくなりたくないし，自分の物をあげるのは嫌だし，買うお金もないので，盗んで渡すしかないと思った。Ｃのせいで仕方なくやった」と述べた。

Ａの主張について，G. M. Sykes と D. Matza が提唱した中和の技術によって説明する場合，用いられている技術として，最も適切なものを１つ選べ。

① 加害の否定
② 責任の否定
③ 被害者の否定
④ 非難者に対する非難
⑤ より高次な忠誠心への訴え

## 2022−149　非行・犯罪の理論

問149　16歳の女子A，高校1年生。Aは万引きをし，心配した両親に連れられて，市の教育相談室に来室し，公認心理師Bが面接した。Aは，2週間前に店でペンを1本盗んだことが発覚した。AはBに，「クラスメイトのCが私のペンを欲しがり，誕生日祝いにちょうだいとしつこくせがんできた。Cと気まずくなりたくないし，自分の物をあげるのは嫌だし，買うお金もないので，盗んで渡すしかないと思った。Cのせいで仕方なくやった」と述べた。

Aの主張について，G. M. Sykes と D. Matza が提唱した中和の技術によって説明する場合，用いられている技術として，最も適切なものを1つ選べ。

① 加害の否定
② 責任の否定
③ 被害者の否定
④ 非難者に対する非難
⑤ より高次な忠誠心への訴え

まず，中和の技術とは，1957年にサイクスとマッツァが提唱したもので，非行少年は責任の否定，損害の否定，被害者の否定，非難者への非難，より高度な忠誠心への訴え，という5つの技術を用いて，非行へ向かったことを正当化するということを指している。したがって，選択肢はすべて中和の技術である。

①加害の否定は，「これは遊びやふざけであるので，大したことはない」と理由づけることである。②責任の否定は，「自分はある環境に巻き込まれたのであって，自分には責任がない」と理由づけることである。③被害者の否定は，「非行を繰り返したが，誰も傷つけていない」と理由づけることである。④非難者の非難は，「こうした行為を非難する者も問題含みであり，非難する資格はない」と理由づけることである。⑤より高次な忠誠心への訴えは，「忠誠を誓うべき秩序や大義が荒らされているのだから，見逃せない」と理由づけることである（出典：日本大百科全書）。

Aは，「Cのせいで仕方なくやった」と万引きを行ったことをCのせいにして，自分のしたことを正当化している。すなわち，責任の否定なので，②が適切である。

## 選択肢の検討

① 不適切。万引きしたことを「大したことはない」という記述はみられない。
② 適切。
③ 不適切。万引きしたことで「誰も傷つけていない」という記述はみられない。
④ 不適切。万引きしたことを非難する者は，「非難する資格はない」という記述はみられない。
⑤ 不適切。忠誠心についての記述はみられない。

**解　答**　②

【辰巳法律研究所の出口調査に基づく正答率と肢別解答率　2543人Data】

| 正答率 | 肢1 | 肢2 | 肢3 | 肢4 | 肢5 |
|---|---|---|---|---|---|
| 83.3% | 7.3% | 83.3% | 1.7% | 2.2% | 5.3% |

## 着眼点

選択肢を選んだ割合は，②83.3%に集中しており，標準的な問題である。中和の技術については，過去に出題されている（2020－141）。中和の技術は漂流理論の基礎となっているが，5つの技術があるので覚えておく必要がある。

文献：マッツァ，D.（非行理論研究会訳）『漂流する少年―現代の少年非行論』　成文堂　1986

# 5　産業

## 2022－67

問 67　50 歳の男性A，会社員。Aは，1年前に職場で異動があり，慣れない仕事への戸惑いを抱えながら何とか仕事をこなしていた。8か月前から，気力低下が顕著となり，欠勤もみられるようになった。憂うつ感と気力低下を主訴に2か月前に精神科を受診し，うつ病の診断の下，当面3か月間の休職と抗うつ薬による薬物療法が開始された。Aは，2か月間の外来治療と休職により，気力低下や生活リズムは幾分改善し，復職に意欲はみせるものの，不安は残っている様子である。

改訂心の健康問題により休業した労働者の職場復帰支援の手引き（令和2年，厚生労働省）に基づき，現段階のAに必要な支援として，最も適切なものを1つ選べ。

① 試し出勤制度の活用
② 管理監督者による就業上の配慮
③ 主治医による職場復帰可能の判断
④ 産業医等による主治医からの意見収集
⑤ 傷病手当金など経済的な保障に関する情報提供

## 2022−67　職場復帰支援

問67　50歳の男性A，会社員。Aは，1年前に職場で異動があり，慣れない仕事への戸惑いを抱えながら何とか仕事をこなしていた。8か月前から，気力低下が顕著となり，欠勤もみられるようになった。憂うつ感と気力低下を主訴に2か月前に精神科を受診し，うつ病の診断の下，当面3か月間の休職と抗うつ薬による薬物療法が開始された。Aは，2か月間の外来治療と休職により，気力低下や生活リズムは幾分改善し，復職に意欲はみせるものの，不安は残っている様子である。

改訂心の健康問題により休業した労働者の職場復帰支援の手引き（令和2年，厚生労働省）に基づき，現段階のAに必要な支援として，最も適切なものを1つ選べ。

① 試し出勤制度の活用
② 管理監督者による就業上の配慮
③ 主治医による職場復帰可能の判断
④ 産業医等による主治医からの意見収集
⑤ 傷病手当金など経済的な保障に関する情報提供

まず，選択肢を眺めると，すべて職場復帰支援に関することである。

本事例における正解を得るためには，職場復帰支援の流れについての知識が必要である。

〈第1ステップ〉病気休業開始及び休業中のケア
〈第2ステップ〉主治医による職場復帰可能の判断
〈第3ステップ〉職場復帰の可否の判断及び職場復帰支援プランの作成
〈第4ステップ〉最終的な職場復帰の決定
職 場 復 帰
〈第5ステップ〉職場復帰後のフォローアップ

第1ステップで，傷病手当金の制度や手続について説明してもらう。第2ステップでは，労働者からの「職場復帰の意思表示」と「職場復帰可能の判断が記された診断書の提出」が必要である。そのために行うことは，職場復帰の意向について管理監督者に伝えることと，職場復帰可能の診断書を主治医に作成してもらうことである。その際，必要に応じて産業医が主治医と連絡を取ることで，病状についての情報を得ることができる。第3ステップでは，職場復帰可と判断されれば，試し出勤制度の活用などが考えられる。具体的なプランの作成にあたっては，産業保健スタッフ等を中心に，管理監督者，休業中の労働者の間でよく連携しながら進める必要がある。

以上のことを踏まえると，⑤は第1ステップ，③④は第2ステップ，①②は第3ステップに該当する。Aは復職に意欲はあるが，復職ができるほど十分に回復しているとは思えないので，第2ステップに当てはまる。すなわち，主治医に相談して，職場復帰可能の診断書を作成してもらう必要がある。したがって，③が適切である。

## 選択肢の検討

① 不適切。産業医等により職場復帰可と判断されてからのことである。
② 不適切。①と同じ理由による。
③ 適切。
④ 不適切。主治医から職場復帰可の診断書が提出されてからのことである。
⑤ 不適切。病気休業中に行われることである。

**解　答**　③

【辰已法律研究所の出口調査に基づく正答率と肢別解答率　2543人Data】

| 正答率 | 肢1 | 肢2 | 肢3 | 肢4 | 肢5 |
|---|---|---|---|---|---|
| 52.9% | 19.4% | 1.5% | 52.9% | 24.1% | 2.0% |

## 着眼点

選択肢を選んだ割合は，①19.4%，③52.9%，④24.1%に三分されるので，最難解問題である。職場復帰支援プログラムの知識がないと困難である。

なお，職場復帰支援に関連した問題があるので参照していただきたい（2018年追加－問54，2019年－問154，2020年－問143）。

文献：労働者健康安全機構　産業保健総合支援センター　職場復帰支援プログラム

## 2022－72

問 72　23 歳の男性Ａ，会社員。大学時代はサークル活動で中心的な存在であった。入社２か月後に行われたストレスチェックの結果，高ストレス者に該当するか否かを判断する補足的な面接を公認心理師Ｂが行った。Ａのストレスプロフィールは次のとおりであった。「心理的な仕事の負担」は質，量ともに低い。「仕事のコントロール度」，「技能の活用度」，「仕事の適性度」及び「働きがい」が低い。「上司からのサポート」と「同僚からのサポート」は高い。ストレス反応は「いらいら感」が強い。「仕事や生活の満足度」は低いが，「家族や友人からのサポート」は高い。

　ＢのＡへの面接で確認すべき事項として，優先度の高いものを１つ選べ。

① 長時間労働の有無
② 家庭生活のストレスの有無
③ 精神的な疾患の既往の有無
④ 職場の人間関係に関する問題の有無
⑤ 仕事の与えられ方に関する不満の有無

## 2022−72　ストレスチェック制度

問72　23歳の男性A，会社員。大学時代はサークル活動で中心的な存在であった。入社2か月後に行われたストレスチェックの結果，高ストレス者に該当するか否かを判断する補足的な面接を公認心理師Bが行った。Aのストレスプロフィールは次のとおりであった。「心理的な仕事の負担」は質，量ともに低い。「仕事のコントロール度」，「技能の活用度」，「仕事の適性度」及び「働きがい」が低い。「上司からのサポート」と「同僚からのサポート」は高い。ストレス反応は「いらいら感」が強い。「仕事や生活の満足度」は低いが，「家族や友人からのサポート」は高い。

BのAへの面接で確認すべき事項として，優先度の高いものを1つ選べ。

① 長時間労働の有無
② 家庭生活のストレスの有無
③ 精神的な疾患の既往の有無
④ 職場の人間関係に関する問題の有無
⑤ 仕事の与えられ方に関する不満の有無

まず，選択肢を眺めると，ストレスの原因になりそうなことが並べられている。ストレスチェック項目は，「仕事のストレス原因」「心身のストレス反応」「周囲のサポート」であり，仕事のストレス原因に関係することは①⑤，心身のストレス反応に関係することは③，周囲のサポートに関係することは②④である。

Aのストレスプロフィールから，「上司からのサポート」「同僚からのサポート」「家族や友人からのサポート」はいずれも高いので，周囲のサポートに問題はなく，②④について確認する必要はない。ストレス反応としての「いらいら感」は強いが，それと関係するような大学時代に精神的な疾患の既往があるとは思えないので，③も確認する必要はない。

仕事のストレス原因については，「心理的な仕事の負担」は質，量ともに低いので，①を確認する必要はない。それに対して，「仕事のコントロール度」「技術の活用度」「仕事の適性度」及び「働きがい」が低く，そのため「仕事や生活の満足度」が低くなっていることが考えられる。したがって，仕事の与えられ方に関する不満の有無を確認する必要があり，⑤が優先度の高い確認事項である。

## 選択肢の検討

① 優先度は低い。「心理的な仕事の負担」は質，量ともに低いため。
② 優先度は低い。「家族や友人からのサポート」は高いため。
③ 優先度は低い。精神的な疾患の既往を疑わせるような記述がない。
④ 優先度は低い。「上司からのサポート」「同僚からのサポート」は高いため。
⑤ 優先度は高い。

**解　答**　⑤

【辰已法律研究所の出口調査に基づく正答率と肢別解答率　2543人 Data】

| 正答率 | 肢1 | 肢2 | 肢3 | 肢4 | 肢5 |
|---|---|---|---|---|---|
| 80.6% | 6.3% | 0.9% | 10.1% | 2.0% | 80.6% |

## 着 眼 点

選択肢を選んだ割合は，⑤80.6%に集中しており，標準的な問題である。ストレスチェックに関する問題は，毎年のように出題されているので参照していただきたい（2019年－問33，2020年－問27，2021年－問101）。

## 2022－73

問 73　21 歳の女性Ａ，理工系の大学３年生。中学校の理科教科の教師を目指し，専門科目に加えて教員免許取得に関する科目も履修している。しかし，最近アルバイトなどの経験を通して，他者と交流する活動や人に教えることへの興味が低いことに気が付いたため，大学卒業後の職業選択に迷っている。同じ学科の友人や先輩たちと進路について話し合いをするうちに，人と関わる教育などの活動よりも道具や機械を操作する活動に興味が強いことにも気が付いた。そこで，将来の進路として技術職に就くことを考えるようになった。

Ａの興味や適性と考え直した進路との関係を説明する理論として，最も適切なものを１つ選べ。

①　D. E. Super のライフ・キャリア・レインボー
②　E. H. Schein の３つのサイクル
③　J. D. Krumboltz の計画された偶発性
④　J. L. Holland の六角形モデル
⑤　N. K. Schlossberg のトランジション

## 2022−73　キャリア形成

問73　21歳の女性Ａ，理工系の大学３年生。中学校の理科教科の教師を目指し，専門科目に加えて教員免許取得に関する科目も履修している。しかし，最近アルバイトなどの経験を通して，他者と交流する活動や人に教えることへの興味が低いことに気が付いたため，大学卒業後の職業選択に迷っている。同じ学科の友人や先輩たちと進路について話し合いをするうちに，人と関わる教育などの活動よりも道具や機械を操作する活動に興味が強いことにも気が付いた。そこで，将来の進路として技術職に就くことを考えるようになった。

Ａの興味や適性と考え直した進路との関係を説明する理論として，最も適切なものを１つ選べ。

① D. E. Superのライフ・キャリア・レインボー
② E. H. Scheinの３つのサイクル
③ J. D. Krumboltzの計画された偶発性
④ J. L. Hollandの六角形モデル
⑤ N. K. Schlossbergのトランジション

まず，選択肢を眺めると，①〜⑤のいずれも人名と（その人に）関連することが書かれているが，馴染みのないものばかりである。

①のキャリアは，一般的に仕事の経歴を意味するが，アメリカのキャリア研究者であるスーパーは，人の一生をライフキャリアと捉え，ライフ・キャリア・レインボーは一人ひとりが描き出す生涯の虹を意味する考え方である。

②の３つのサイクルとは，生物学的・社会的サイクル，家庭関係におけるサイクル，仕事・キャリア形成におけるサイクルであり，シャインは人が生きている領域を３つのサイクルに分け，それぞれのサイクルに段階を設け，３つのサイクルが相互に影響し合って存在していると述べている。

③の計画された偶発性とは，心理学者のクランボルツによって発表されたキャリア理論で，ビジネスパーソンとして成功した人のキャリアを調査したところ，そのターニングポイントの８割が，本人の予想しない偶然の出来事によるものだったので，この理論を提唱した。

④の六角形モデルは，アメリカの心理学者ホランドが開発した理論で，人の職業的興味は６つのタイプに分けられ，現実的，研究的，芸術的，社会的，企業的，慣習的である。これに基づき職業興味検査（VPI）が作られていて，人は六つの人格型（現実型，研究型，芸術型，社会型，企業型，慣習型）のどれかを学

習し，そうした人格型を受け入れやすい職業環境を志向するという理論に基づいている。

⑤のトランジションとは，「転機」「転換点」「移行期」などを意味する言葉で，アメリカのキャリアの理論家・実践家であるシュロスバーグは，人生におけるトランジション・転機を３つの種類に分けて考えている。それは，期待していたことが起きたとき，期待していたことが起こらなかったとき，予期していなかった出来事が起きたとき，である。

Aは「人と関わる教育などの活動よりも道具や機械を操作する活動に興味が強いことにも気が付いた」とあるように，自分の興味や適性と進路との関係を調べる必要がある。それを可能にするのが職業興味検査なので，④が適切である。

## 選択肢の検討

① 不適切。一人ひとりが描き出す生涯の虹を意味する考え方である。
② 不適切。人が生きている領域を３つのサイクルに分けるという考え方である。
③ 不適切。成功は本人の予想しない偶然の出来事によるという理論である。
④ 適切。
⑤ 不適切。人生における転機を３つの種類に分ける考え方である。

**解　答**　④

【辰巳法律研究所の出口調査に基づく正答率と肢別解答率　2543人Data】

| 正答率 | 肢1 | 肢2 | 肢3 | 肢4 | 肢5 |
|---|---|---|---|---|---|
| 16.4% | 39.5% | 9.0% | 20.2% | 16.4% | 14.7% |

## 着眼点

選択肢を選んだ割合は，①39.5%，③20.2%，④16.5%と三分されるが，５つの選択肢はいずれも選ばれる可能性があったと言える。④の正答率から最難解問題であることが分かり，間違ってもやむを得ない問題である。職業興味検査のことを知らないと，正解が得られないであろう。

計画的偶発性理論と対比されるキャリア理論として，シャインが提唱した「キャリアアンカー」がある。キャリアアンカーは，個人がキャリアを選択する際に譲れない価値観であり，自分の適性や理想を踏まえて設定したゴールに向かい，キャリアを積んでいく考え方である。

文献：厚生労働省　キャリア・コンサルティングの理論と実際　2014
Careerconsultant-study.com　キャリアの『理論と提唱者』まとめ【アプローチ別】

## 2022－150

問 150　A社は，創業 50 年になる機械製造業の老舗である。ここ数年，心の健康問題を抱える従業員の割合が高止まりの傾向にあり，新しい経営陣が職場環境改善に取り組むことになった。企業内の公認心理師Bが，メンタルヘルス推進担当者の会議に向けて，何人かの従業員にヒアリングを実施したところ，過去の高業績に貢献した古参の従業員の発言力が強く，若手の従業員は意見が軽視されて，勤労意欲の低下がみられるということであった。

　その背景にあるA社の組織の特徴として，最も適切なものを１つ選べ。

①　安全文化
②　権限委譲
③　属人思考
④　法令遵守
⑤　役割葛藤

## 2022－150　組織風土と文化

問 150　A 社は，創業 50 年になる機械製造業の老舗である。ここ数年，心の健康問題を抱える従業員の割合が高止まりの傾向にあり，新しい経営陣が職場環境改善に取り組むことになった。企業内の公認心理師 B が，メンタルヘルス推進担当者の会議に向けて，何人かの従業員にヒアリングを実施したところ，過去の高業績に貢献した古参の従業員の発言力が強く，若手の従業員は意見が軽視されて，勤労意欲の低下がみられるということであった。

その背景にある A 社の組織の特徴として，最も適切なものを 1 つ選べ。

① 安全文化
② 権限委譲
③ 属人思考
④ 法令遵守
⑤ 役割葛藤

まず，選択肢を眺めると，すべて四字の漢字が並んでいることがわかる。すなわち，組織の特徴を漢字四字で表現するという問題である。

①～⑤のうち，目新しいのは①③⑤である。①は，安全を最優先するという価値観や行動様式を組織の構成員が共有している状態のことをいう（出典：デジタル大辞泉）。したがって，①は適切でない。

③は，事柄よりも人を重視する思考を指す。会議などで何かを議論し判断する際には，その議題となっている事柄事態を検討すべきなのに，提案者など人物の要因を重視する心理傾向のことである。属人思考に関しては，心理学者の岡本浩一（2006）が精力的に研究を進めているが，組織的な違反の主要な原因は，規定等の整備不良などではなく属人思考であることが明らかになっている。コンプライアンス（法令遵守）重視などといって規定等をいくら整備したところで，その運用面に属人思考が無意識のうちに入り込むのである。事例には，「過去の高業績に貢献した古参の従業員の発言力が強く，若手の従業員は意見が軽視されて，勤務意欲の低下がみられる」とあるので，属人思考が行われていることがわかる。したがって，③が適切である。

⑤は社会学の用語で，個人が占めている複数の役割，すなわち役割群（role-set）に対応する役割期待や役割規定が，相互に矛盾する内容を含んでおり容易

に優先順位をつけられない場合，その個人はジレンマに陥ることになる（出典：ブリタニカ国際大百科事典）。その状態を役割葛藤というので，⑤は適切でない。

## 選択肢の検討

① 不適切。安全を最優先する価値観や行動様式を共有している状態のことである。
② 不適切。権限を部下等に譲ることである。
③ 適切。
④ 不適切。規定等を整備して守ることである。
⑤ 不適切。複数の役割で矛盾する内容を含んでいるためジレンマに陥ることである。

**解　答**　③

【辰已法律研究所の出口調査に基づく正答率と肢別解答率　2543人 Data】

| 正答率 | 肢1 | 肢2 | 肢3 | 肢4 | 肢5 |
|---|---|---|---|---|---|
| 69.4% | 3.1% | 15.0% | 69.4% | 0.2% | 12.2% |

## 着眼点

選択肢を選んだ割合は，②15.0%，③69.4%，⑤12.2%に三分されており，難解問題である。正解の③属人思考の他に，②権限委譲や⑤役割葛藤が少し選択されているが，解説で書いたように「古参の従業員の発言力が強く」が決め手である。

文献：岡本浩一・鎌田晶子　『属人思考の心理学』　新曜社　2006

# 6　アセスメント

## 2022－61

問 61　７歳の男児Ａ，小学１年生。登校しぶりがあり，母親Ｂに伴われ市の教育センターに来室した。Ｂによると，Ａは，「クラスの子がみんな話を聞いてくれない」，「授業で何をやったら良いのか分からない」と言っている。Ｂは，Ａが教室内での居場所がないようで心配だと話した。公認心理師である相談員ＣがＡに話しかけると，Ａは自分の好きなアニメの解説を一方的に始めた。

Ａに対する支援をするに当たり，Ａの適応状況に関する情報収集や行動観察に加え，ＣがＡ自身を対象に実施するテストバッテリーに含める心理検査として，最も適切なものを１つ選べ。

① AQ-J
② CAARS
③ CAT
④ NEO-PI-R
⑤ WISC-Ⅳ

## 2022−61　テストバッテリー

問61　7歳の男児A，小学1年生。登校しぶりがあり，母親Bに伴われ市の教育センターに来室した。Bによると，Aは，「クラスの子がみんな話を聞いてくれない」，「授業で何をやったら良いのか分からない」と言っている。Bは，Aが教室内での居場所がないようで心配だと話した。公認心理師である相談員CがAに話しかけると，Aは自分の好きなアニメの解説を一方的に始めた。

Aに対する支援をするに当たり，Aの適応状況に関する情報収集や行動観察に加え，CがA自身を対象に実施するテストバッテリーに含める心理検査として，最も適切なものを1つ選べ。

① AQ-J
② CAARS
③ CAT
④ NEO-PI-R
⑤ WISC-Ⅳ

まず，選択肢を眺めると，①～⑤はすべて心理検査なので，事例のAの様子から必要な検査を判断する必要がある。

Aの様子から会話が難しいようであるが，「クラスの子がみんな話を聞いてくれない」と言っていることから，対人意識があり一方的に話をするというよりは，話の内容が合わないという感じである。また，「授業で何をやったら良いのか分からない」ということは，学力の遅れ，すなわち知的能力の問題があるものと思われる。したがって，知能検査の実施が必要と判断される。

選択肢で①は自閉症スペクトラム指数，②はADHD評価スケール，③は標準注意検査法（TATの幼児・児童版），④は5因子人格検査，⑤は知能検査である。したがって，⑤が適切である。

## 選択肢の検討

①　不適切。自閉症スペクトラム指数である。
②　不適切。ADHD 評価スケールである。
③　不適切。標準注意検査法である。
④　不適切。５因子人格検査である。
⑤　適切。

**解　答**　⑤

【辰已法律研究所の出口調査に基づく正答率と肢別解答率　2543 人 Data】

| 正答率 | 肢１ | 肢２ | 肢３ | 肢４ | 肢５ |
|---|---|---|---|---|---|
| 52.3% | 39.4% | 5.3% | 2.3% | 0.6% | 52.3% |

## 着眼点

選択肢を選んだ割合は，①39.4%，⑤52.3%と二分され，割合が接近しているので，最難解問題と言えるであろう。すなわち，Ａは自閉性障害なのか，知的障害なのかで，判断に迷うところである。「相談員ＣがＡに話しかけると，Ａは自分の好きなアニメの解説を一方的に始めた」というところが，興味の偏りと捉えたときは，自閉性障害と判断されるであろう。しかし，解説のところで書いたように，知的障害の疑いのほうが強いと考えられる。

これに関連して，2019 年試験－問 69 を参照していただきたい。

## 2022－74

問 74　29 歳の男性Ａ，会社員。経理関係の部署から営業部に異動後半年経過した頃から，意欲が減退し，出社できない日もあり，上司から社内の心理相談室を紹介され，公認心理師Ｂが面接した。Ａは，初めての営業の仕事であったが，同僚や上司にうまく頼ることができず，仕事になかなか慣れることができないという。Ａは，もともとコミュニケーションが苦手なところがあったが，今では人と会うのも怖くなっており，また，取引先との円滑なやりとりができそうにないと，営業の仕事を続けることについての不安を訴えている。

　Ａのアセスメントにおいて，テストバッテリーに含める検査として，不適切なものを１つ選べ。

① AQ-J
② BDI-Ⅱ
③ IES-R
④ LSAS-J
⑤ STAI

## 2022−74 テストバッテリー

問74　29歳の男性A，会社員。経理関係の部署から営業部に異動後半年経過した頃から，意欲が減退し，出社できない日もあり，上司から社内の心理相談室を紹介され，公認心理師Bが面接した。Aは，初めての営業の仕事であったが，同僚や上司にうまく頼ることができず，仕事になかなか慣れることができないという。Aは，もともとコミュニケーションが苦手なところがあったが，今では人と会うのも怖くなっており，また，取引先との円滑なやりとりができそうにないと，営業の仕事を続けることについての不安を訴えている。

Aのアセスメントにおいて，テストバッテリーに含める検査として，不適切なものを1つ選べ。

① AQ-J
② BDI-Ⅱ
③ IES-R
④ LSAS-J
⑤ STAI

まず，選択肢を眺めると，すべて心理検査であるが，これまでもよく出てきたものである。

①は自閉症スペクトラム指数，②はベック抑うつ質問票，③はPTSD評価尺度，④はリーボヴィッツ社交不安尺度，⑤は状態－特性不安尺度である。

Aの状態をみると，「意欲が減退し，出社できない日もあり」からうつ状態が考えられるので，②は適切である。「もともとコミュニケーションが苦手なところがあったが，今では人と会うのも怖くなっており」から社交不安が考えられるので，④は適切である。また，「営業の仕事を続けることについての不安を訴えている」から仕事への不安感があるので，⑤は適切である。

残る①と③であるが，「もともとコミュニケーションが苦手なところがあった」から，自閉症スペクトラム障害についてもアセスメントしておいたほうがいいと思われるので，①は適切である。Aが心的外傷を負うほどの出来事についての記述はないので，③は不適切である。

## 選択肢の検討

① 適切。自閉症スペクトラム指数はアセスメントに必要である。
② 適切。ベック抑うつ質問票はアセスメントに必要である。
③ 不適切。
④ 適切。リーボヴィッツ社交不安尺度はアセスメントに必要である。
⑤ 適切。状態－特性不安尺度はアセスメントに必要である。

**解　答**　③

【辰巳法律研究所の出口調査に基づく正答率と肢別解答率　2543 人 Data】

| 正答率 | 肢 1 | 肢 2 | 肢 3 | 肢 4 | 肢 5 |
|---|---|---|---|---|---|
| 71.9% | 10.7% | 4.3% | 71.9% | 8.8% | 4.0% |

## 着 眼 点

選択肢を選んだ割合は，③71.9%に集中しているが，正答率がやや低いので難解問題と言える。代表的なよく使われる検査は覚えるしかない。クライエントの状態を正しく把握して，適切な検査を選ぶことが重要である。

## 2022－139

問 139　23 歳の女性Ａ，会社員。高校時代にわいせつ行為の被害に遭った。大学卒業後，会社員となったが，今年の社員旅行の際に，仕事の関係者から性行為を強要されそうになり，何とかその場から逃げ出したものの，帰宅後に強い心身の不調を自覚した。その後３か月経っても症状が改善しないため，精神科受診に至った。同じような悪夢を繰り返し見ることが続き，よく眠れない。「このような被害に遭うのは，私が悪い」，「自分は駄目な人間だ」と話す。

Ａの状態像を把握することを目的に，公認心理師が行う可能性のある心理的アセスメントとして，最も適切なものを１つ選べ。

① CAPS
② DN-CAS 認知評価システム
③ JDDST-R
④ KABC-Ⅱ
⑤ TEG

## 2022−139 心理検査の適用

問139　23歳の女性A，会社員。高校時代にわいせつ行為の被害に遭った。大学卒業後，会社員となったが，今年の社員旅行の際に，仕事の関係者から性行為を強要されそうになり，何とかその場から逃げ出したものの，帰宅後に強い心身の不調を自覚した。その後3か月経っても症状が改善しないため，精神科受診に至った。同じような悪夢を繰り返し見ることが続き，よく眠れない。「このような被害に遭うのは，私が悪い」，「自分は駄目な人間だ」と話す。

Aの状態像を把握することを目的に，公認心理師が行う可能性のある心理的アセスメントとして，最も適切なものを1つ選べ。

① CAPS
② DN-CAS 認知評価システム
③ JDDST-R
④ KABC-Ⅱ
⑤ TEG

まず，選択肢を眺めると，①～⑤はすべて検査名である。このうち②③④は，発達検査・知能検査であり，Aには必要ないものである。

②は，あまり知られていないが認知処理過程を評価する検査で，対象は5歳0か月から17歳11か月である。なお，DNは二人の著者の頭文字であり，CASはCognitive Assessment Systemの略である。したがって，②は適切でない。③は，改訂日本版デンバー発達スクリーニング検査で，JDDST－RはRevised Japanese Version of Denver Developmental Screening Testの略である。したがって，③は適切でない。④は，子どもの知的能力を認知処理過程と知識・技能の習得度の両面から評価し，得意な認知処理様式を見つけ，それを子どもの指導・教育に活かすことを目的とし，適用年齢は2歳6か月から12歳11か月である。Kaufman Assessment Battery for ChildrenをK-ABCと略して読んでいる。したがって，④は適切でない。

残る①⑤のうち①は注意を要する。それは，CAPプログラムというのがあって，①のCAPSと似ているからである。CAPプログラムはChild Assault Preventionの略で，子どもへの暴力防止のための予防教育プログラムのことであり，本事例とは関係ないものである。それに対して，CAPSはClinician-Administered PTSD Scaleの略で，PTSD臨床診断面接尺度として広く使用されている。したがって，Aには PTSD の後遺症があると思われるので，①が適切である。

⑤の TEG は東大式エゴグラムのことで，質問紙法による性格検査の１つであり，Aにとっては性格検査より PTSD の尺度のほうが有効と考えられるので，⑤は適切でない。

## 選択肢の検討

① 適切。
② 不適切。認知処理過程を評価する検査である。
③ 不適切。発達スクリーニング検査である。
④ 不適切。子どもの知的能力を評価する検査である。
⑤ 不適切。質問紙法による性格検査である。

**解　答**　①

【辰巳法律研究所の出口調査に基づく正答率と肢別解答率　2543 人 Data】

| 正答率 | 肢１ | 肢２ | 肢３ | 肢４ | 肢５ |
|---|---|---|---|---|---|
| 77.7% | 77.7% | 6.5% | 10.5% | 2.3% | 2.9% |

## 着 眼 点

選択肢を選んだ割合は，①77.7%に集中しており，標準的な問題と言えよう。注意点は解説にも書いたように，CAPS と CAP プログラムを混同しないことである。

# 7　心理学的支援法

## 2022−63

問 63　45 歳の女性Ａ，小学４年生の男児Ｂの母親。Ａは，Ｂの不登校について，教育センターで教育相談を担当している公認心理師Ｃに相談に訪れた。親子並行面接の親面接において，ＡはＢについて少ししか話さず，結婚以来，夫から受けてきたひどい扱いについて軽い調子で話すことが多かった。Ｃは，夫との関係でＡが傷ついてきたものと推察しながらも，Ａの軽い話しぶりに調子を合わせて話を聞き続けていた。そのうちにＣはＡとの面接を負担に感じるようになった。

E. S. Bordin の作業同盟（治療同盟）の概念に基づいた，ＣのＡへの対応方針として，最も適切なものを１つ選べ。

① Ｃを夫に見立てて，夫に言いたいことを口に出してみるロールプレイを提案する。

② Ｃ自身が，面接を負担に思う自らの気持ちを逆転移と自覚し，その気持ちを重視する。

③ ここに相談に来ることでどんなことが違ってきたら良いと思うかを尋ね，目標について話し合う。

④ 親子並行面接であることを踏まえ，Ｂへの関わり方を話題の焦点とし，話が他に逸れても戻すようにする。

⑤ Ａが話している内容と，その様子が不調和であることを取り上げ，感情体験についての防衛への気づきを促す。

## 2022−63　作業同盟

問63　45歳の女性A，小学4年生の男児Bの母親。Aは，Bの不登校について，教育センターで教育相談を担当している公認心理師Cに相談に訪れた。親子並行面接の親面接において，AはBについて少ししか話さず，結婚以来，夫から受けてきたひどい扱いについて軽い調子で話すことが多かった。Cは，夫との関係でAが傷ついてきたものと推察しながらも，Aの軽い話しぶりに調子を合わせて話を聞き続けていた。そのうちにCはAとの面接を負担に感じるようになった。

E. S. Bordinの作業同盟（治療同盟）の概念に基づいた，CのAへの対応方針として，最も適切なものを1つ選べ。

① Cを夫に見立てて，夫に言いたいことを口に出してみるロールプレイを提案する。
② C自身が，面接を負担に思う自らの気持ちを逆転移と自覚し，その気持ちを重視する。
③ ここに相談に来ることでどんなことが違ってきたら良いと思うかを尋ね，目標について話し合う。
④ 親子並行面接であることを踏まえ，Bへの関わり方を話題の焦点とし，話が他に逸れても戻すようにする。
⑤ Aが話している内容と，その様子が不調和であることを取り上げ，感情体験についての防衛への気づきを促す。

まず，選択肢を眺めると，①「ロールプレイを提案する」，②「逆転移と自覚し」，③「目標について話し合う」，④「Bへの関わり方を話題の焦点とし」，⑤「防衛への気づきを促す」がポイントと思われる。

作業同盟とはカウンセラーとクライエントの関係で，「お互いに一定の心理的距離を保ちながら信頼関係のなかでしっかりと取り組んでいく」あるいは「転移関係に流されずに，分析的作業を進めていく」という良好な関係のことであり，重要であり不可欠なことである。

①の「夫に言いたいことを口に出してみるロールプレイ」は，転移をさらに強めることなので適切でない。この場合は，夫ではなくBへの感情を言葉にすることが重要である。④⑤については，④「Bへの関わり方を話題の焦点とし」はいいとしても，「話が他に逸れても戻すようにする」は一方的なやり方で，クライエントをカウンセラーに合わせ過ぎるので作業同盟の関係を築きにくい。また，⑤「防衛への気づきを促す」はいいが，「不調和であることを取り上げる」も一方的なやり方で，作業同盟の関係を築くことを困難にしてしまう。以上のことから，④⑤は適切でない。

残りの②③であるが，②「逆転移と自覚し」は重要であるが，その後どのように作業同盟を築くかが示されていないので適切でない。③「目標について話し合う」は，お互いの意見を出し合うので，作業同盟の関係を築きやすく適切である。その際，少しずつ防衛への気づきを促し，表現しにくいことを言葉にできるよう助けていくことが大切である。

## 選択肢の検討

① 不適切。転移をさらに強めることになる。
② 不適切。逆転移の自覚は重要であるが，その後のことが示されていない。
③ 適切。
④ 不適切。クライエントをカウンセラーに合わせ過ぎるのが問題である。
⑤ 不適切。不調和を取り上げることは，かえって防衛を強める。

**解　答**　③

【辰巳法律研究所の出口調査に基づく正答率と肢別解答率　2543 人 Data】

| 正答率 | 肢1 | 肢2 | 肢3 | 肢4 | 肢5 |
| --- | --- | --- | --- | --- | --- |
| 60.0% | 0.9% | 24.8% | 60.0% | 4.1% | 10.1% |

## 着 眼 点

選択肢を選んだ割合は，②24.8%，③60.0%と二分されるので，難解問題と言えるであろう。②に関して，転移はクライエントの側からセラピストに対して起こるものである。それとは逆にセラピストからクライエントに対して特別な思い入れとして起こるのが逆転移である。この逆転移は，クライエントが無意識のうちにセラピストに投げ込んできている基本的対人関係であることが多いので，逆転移を自覚するに留まらず，良好な関係をつくるために積極的に活用することが可能である。

なお，作業同盟に関連した問題があるので参照していただきたい（2018 年－問 139，2018 年追加－問 121，2020 年－問 127）。

文献：福島哲夫他　公認心理師必携テキスト「作業同盟」「逆転移」　学研　2018

## 2022－136

問 136　15 歳の男子Ａ，中学３年生。Ａは，不登校状態のため友人と疎遠になり，話し相手は母親Ｂのみである。長年単身赴任をしている父親Ｃは，赴任先からたまに帰宅すると，Ａの不登校についてＡとＢを厳しく叱り，母子は口をそろえてＣの無理解をなじる。高校進学を控えるＡに対して，Ｃは全日制高校への進学を勧めるが，ＡとＢは，Ｃと言い争った末に，通信制高校への出願を決めた。

家族システム論の観点から，Ａとその家族関係を説明する心理学概念として，最も適切なものを１つ選べ。

①　連合
②　自己分化
③　遊離家族
④　親役割代行
⑤　情緒的遮断

## 2022−136　家族システム論

問 136　15歳の男子A，中学3年生。Aは，不登校状態のため友人と疎遠になり，話し相手は母親Bのみである。長年単身赴任をしている父親Cは，赴任先からたまに帰宅すると，Aの不登校についてAとBを厳しく叱り，母子は口をそろえてCの無理解をなじる。高校進学を控えるAに対して，Cは全日制高校への進学を勧めるが，AとBは，Cと言い争った末に，通信制高校への出願を決めた。

家族システム論の観点から，Aとその家族関係を説明する心理学概念として，最も適切なものを1つ選べ。

① 連合
② 自己分化
③ 遊離家族
④ 親役割代行
⑤ 情緒的遮断

まず，選択肢を眺めると，家族療法で使われるもの（①②③）と，家族心理学で使われるもの（④⑤）に分けることができる。

ミニューチンは，家族の構造を重視し，とくに境界と連合という視点で家族をとらえた。連合とは，家族システムのなかで第三者に対抗するために二者が共同することである。本事例では，父に対抗するために母子が連合しているので，①は適切である。また，両親サブシステムとその子どもによる家族のサブシステムの境界が極度に固い場合には，遊離家族とよばれ，家族は互いに支え合うことをしないとされる。本事例では，母子が連合しているので，③は適切でない。

ボーエンは，自己分化という概念を提唱し，知的システムと感情的システムが分化し，人間としての自立の度合いを重視した。二者間に緊張が高まると第三者を巻き込むことで緊張の緩和が起こるため，三角関係が生じやすくなると考えられる。したがって，②は適切でない。

④⑤は機能不全家族で生じる現象で，④は子どもが親の役割を代行している状態のことである。また，⑤は不安の高い親に情緒的に巻き込まれた子どもが，物理的・情緒的に関わりを持たないように関係を遮断することを意味する。したがって，④⑤は適切でない。

## 選択肢の検討

① 適切。
② 不適切。多世代理論の概念である。
③ 不適切。遊離家族とは言えない。
④ 不適切。家族システム論の概念ではない。
⑤ 不適切。家族システム論の概念ではない。

**解　答**　①

【辰巳法律研究所の出口調査に基づく正答率と肢別解答率　2543人 Data】

| 正答率 | 肢1 | 肢2 | 肢3 | 肢4 | 肢5 |
|---|---|---|---|---|---|
| 34.5% | 34.5% | 1.9% | 42.7% | 1.1% | 19.7% |

## 着眼点

選択肢を選んだ割合は，①34.5%，③42.7%，⑤19.7%に三分され，①の正答率も低いので，最難解問題である。家族療法の学派についての知識がないと正解を得るのは難しい。関連するものとして，2018年追加－問86を挙げることができる。

文献：福島哲夫他　公認心理師必携テキスト　家族療法　学研　2018
西尾和美　機能不全家族－「親」になりきれない親たち　講談社　1999

## 2022－140

問 140　公認心理師A。台風の被害が出たため，災害派遣チームの一員として避難所を訪れ，心理教育を目的に講習会を開くことになった。Aは，被災によるストレスについて講義をした後，一部の参加者が残って自発的な話し合いをもった。ある人が，「洪水で流された家があるが，自分の家は浸水もしなかった。申し訳ない」と涙ながらに語った。別の人は，「自分の家は浸水したが，家族は無事だった。家族に不明者がいるという話を聞くたびに，自分も罪の意識を感じる」と語った。二人の発言を，皆はうなずきながら聞いていた。

ここで生じているコミュニケーションについて，I. D. Yalom の集団療法の概念として，適切なものを１つ選べ。

① 普遍性
② 愛他主義
③ カタルシス
④ 情報の伝達
⑤ 希望をもたらすこと

## 2022−140　集団療法

問 140　公認心理師A。台風の被害が出たため，災害派遣チームの一員として避難所を訪れ，心理教育を目的に講習会を開くことになった。Aは，被災によるストレスについて講義をした後，一部の参加者が残って自発的な話し合いをもった。ある人が，「洪水で流された家があるが，自分の家は浸水もしなかった。申し訳ない」と涙ながらに語った。別の人は，「自分の家は浸水したが，家族は無事だった。家族に不明者がいるという話を聞くたびに，自分も罪の意識を感じる」と語った。二人の発言を，皆はうなずきながら聞いていた。

ここで生じているコミュニケーションについて，I. D. Yalom の集団療法の概念として，適切なものを１つ選べ。

① 普遍性
② 愛他主義
③ カタルシス
④ 情報の伝達
⑤ 希望をもたらすこと

まず，選択肢を眺めると，５つすべてがアメリカの精神科医ヤーロム（I. D. Yalom）の唱える治療的因子であることがわかる。ヤーロムは，「グループが与える 11 の治療的因子」として，希望をもたらす，普遍的体験，受容される体験，愛他的体験，情報の伝達，現実検討，模倣・学習・修正，表現・カタルシス，相互作用・凝集性，共有体験，実存的体験の因子を挙げている。

以上の 11 の因子について，細かい知識がなくても，事例を読めば大体想像がつくと思われる。台風の被害が出た地域の人たちが，自分は被害が無かったので，被害があった人たちに申し訳なさを感じていると語り，それを聞いている人たちは皆うなずいていたというのである。「ここで生じているコミュニケーションは，何を意味しているのか」ということが，問題となっている。

②の「愛他主義」は，誰かの役に立ち，誰かに喜ばれることである。④の「情報の伝達」は，生活や病気などに関して，多くの人から役に立つ情報を得ることである。⑤の「希望をもたらすこと」は，今後に向けて希望が持てるような場を提供することである。②④⑤は，ここで生じているコミュニケーションとは異なるので適切でない。

①の「普遍性」は，いろいろな人と接することで「自分だけではない」という安心感が得られる体験をすることである。また，③の「カタルシス」は，苦しみ

や悩みを分かってくれる人がいることで，それらが少しずつ薄らいでいくことである。①と③はどちらも適切であるように思われる。しかし，カタルシス効果は語っている本人には当てはまるが，発言をうなずきながら聞いている人たちはどうであろうか。おそらく，苦しみや悩みは「自分だけではない」という安心感につながったのではないだろうか。そして，語った人も皆がうなずくのを見て，「自分だけではない」という安心感が芽生えたであろう。すなわち，語った人も聞いていた人たちも，一様に「自分だけではない」という安心感が得られたものと思われる。以上のことから，③よりも①が適切である。

## 選択肢の検討

① 適切。いろいろな人と接することで「自分だけではない」という安心感が得られる体験をすることである。

② 不適切。誰かの役に立ち，誰かに喜ばれることである。

③ 不適切。苦しみや悩みを分かってくれる人がいることで，それらが少しずつ薄らいでいくことである。

④ 不適切。生活や病気などに関して，多くの人から役に立つ情報を得ることである。

⑤ 不適切。今後に向けて希望が持てるような場を提供することである。

**解　答**　①

【辰巳法律研究所の出口調査に基づく正答率と肢別解答率　2543 人 Data】

| 正答率 | 肢1 | 肢2 | 肢3 | 肢4 | 肢5 |
|---|---|---|---|---|---|
| 6.1% | 6.1% | 21.2% | 69.7% | 2.0% | 0.8% |

## 着眼点

選択肢を選んだ割合は，②21.2%，③69.7%に二分されるが，①6.1%が正解なので，最難解問題である。ヤーロムの集団精神療法のことを知らなくても判断は可能である。しかし，普遍性よりカタルシスのほうが一般的でよく知られた言葉なので，それを選ぶのはやむを得ないことである。

文献：アーヴィン・D. ヤーロム／ソフィア・ヴィノグラードフ（川室　優訳）　グループサイコセラピー　ヤーロムの集団精神療法の手引き　金剛出版　1997

## 2022－142

問 142　45 歳の男性Ａ，会社員。総合病院の内科外来で２年前から２型糖尿病の薬物療法を受けている。不眠が近頃ひどくなり，内科の主治医に相談した。Ａは，１年前から仕事が忙しくなり，深夜に暴飲暴食をすることが増えた。Ａの体重が増加していることや，血糖値のコントロールが悪化していることをＡの妻は心配しており，口げんかになることも多い。１か月前から，未明に目が覚め，その後眠れないようになった。日中は疲労感が続き，仕事を休みがちである。趣味にも関心がなくなった。心理的支援が必要と考えた主治医から院内の公認心理師Ｂへ依頼があった。

現時点におけるＢのＡへの対応として，最も優先すべきものを１つ選べ。

① 睡眠衛生指導
② 家族関係の調整
③ 抑うつ状態の評価
④ 身体イメージの評価
⑤ セルフ・モニタリングの導入

## 2022－142　心理的支援

問142　45歳の男性A，会社員。総合病院の内科外来で2年前から2型糖尿病の薬物療法を受けている。不眠が近頃ひどくなり，内科の主治医に相談した。Aは，1年前から仕事が忙しくなり，深夜に暴飲暴食をすることが増えた。Aの体重が増加していることや，血糖値のコントロールが悪化していることをAの妻は心配しており，口げんかになることも多い。1か月前から，未明に目が覚め，その後眠れないようになった。日中は疲労感が続き，仕事を休みがちである。趣味にも関心がなくなった。心理的支援が必要と考えた主治医から院内の公認心理師Bへ依頼があった。

現時点におけるBのAへの対応として，最も優先すべきものを1つ選べ。

① 睡眠衛生指導
② 家族関係の調整
③ 抑うつ状態の評価
④ 身体イメージの評価
⑤ セルフ・モニタリングの導入

まず，選択肢を眺めると，Aの状態からいずれも必要と思われることが並んでいる。

①に関しては，「不眠が近頃ひどくなり」とあるので，必要な対応である。②に関しては，「Aの妻は心配しており，口げんかになることも多い」とあるので，必要な対応である。④の身体イメージは，頭の中の自分の身体に対するイメージのことで，暴飲暴食による体重の増加に関係するものと思われ，Aの自覚を促すためにも必要な対応である。⑤のセルフ・モニタリングとは，周囲の状況や他者の行動を基に，自己の行動を振り返り，望ましい行動ができるよう修正することである。これは，暴飲暴食や妻との口げんかに関係することで，望ましい行動への修正は，必要な対応である。

以上のように，①②④⑤は必要な対応であるが，それらの問題を引き起こしている原因について考える必要がある。「1か月前から，未明に目が覚め，その後眠れないようになった。日中は疲労感が続き，仕事を休みがちである。趣味にも関心がなくなった」ということから，Aはうつ病になっていることが疑われる。そうであれば，その根本的な問題に対応することが最も優先すべきものである。したがって，③が適切である。

## 選択肢の検討

① 必要な対応であるが，最も優先すべきものではない
② 必要な対応であるが，最も優先すべきものではない。
③ 最も優先すべきものである。
④ 必要な対応であるが，最も優先すべきものではない。
⑤ 必要な対応であるが，最も優先すべきものではない。

解　答　③

【辰已法律研究所の出口調査に基づく正答率と肢別解答率　2543 人 Data】

| 正答率 | 肢1 | 肢2 | 肢3 | 肢4 | 肢5 |
|---|---|---|---|---|---|
| 86.2% | 4.7% | 0.4% | 86.2% | 1.5% | 7.1% |

## 着眼点

選択肢を選んだ割合は，③86.2%に集中しており，標準的な問題である。5つの選択肢は，すべて必要な対応であるが，その中から問題の原因と考えられることへの対応に気づく必要がある。

文献：中島義明他　心理学辞典　自己（セルフ）モニタリング　有斐閣　1999

# 8　その他

## 2022－59

問 59　学習方法の違いにより学習内容の習得度に差があるかを検討する研究を行った。まず，参加した 80 名の生徒を無作為に２群（各 40 名）に分割して事前テストを行い，両群の能力が同等であることを確認した。そこで，一方を講義形式で学習する群，他方を協同学習で学習する群とし，学習後に事後テストを行った。事後テストの平均値（標準偏差）は，講義形式群 67.34（9.12），協同学習群 76.40（8.79）であった。また，事前テストと事後テストの得点間の相関係数は，講義形式群 0.66，協同学習群 0.54 であった。

学習方法の違いにより習得度に差があるかを検討する分析法として，最も適切なものを１つ選べ。

① ２群の事後テストの平均値を対応のある t 検定で分析する。

② ２群の事後テストの平均値を対応のない t 検定で分析する。

③ ２群の事前テストと事後テストの相関係数を対応のある t 検定で分析する。

④ ２群の事前テストと事後テストの相関係数を対応のない t 検定で分析する。

⑤ ２群の事後テストの平均値と相関係数を被験者間２要因分散分析で分析する。

## 2022−59 仮説検定

問59　学習方法の違いにより学習内容の習得度に差があるかを検討する研究を行った。まず，参加した80名の生徒を無作為に2群（各40名）に分割して事前テストを行い，両群の能力が同等であることを確認した。そこで，一方を講義形式で学習する群，他方を協同学習で学習する群とし，学習後に事後テストを行った。事後テストの平均値（標準偏差）は，講義形式群67.34（9.12），協同学習群76.40（8.79）であった。また，事前テストと事後テストの得点間の相関係数は，講義形式群 0.66，協同学習群 0.54 であった。

学習方法の違いにより習得度に差があるかを検討する分析法として，最も適切なものを1つ選べ。

① 2群の事後テストの平均値を対応のあるｔ検定で分析する。
② 2群の事後テストの平均値を対応のないｔ検定で分析する。
③ 2群の事前テストと事後テストの相関係数を対応のあるｔ検定で分析する。
④ 2群の事前テストと事後テストの相関係数を対応のないｔ検定で分析する。
⑤ 2群の事後テストの平均値と相関係数を被験者間2要因分散分析で分析する。

まず，選択肢を眺めると，平均値のｔ検定（①②），相関係数のｔ検定（③④），2要因分散分析（⑤）といった分析法が示されている。また，「対応のある」（①③），「対応のない」（②④）で分けることができる。

統計の問題としては，基本的なものである。ｔ検定を行うことは間違いなさそうであるが，ｔ検定は2組の標本について平均に有意差があるかどうかの検定などに用いられるので，①②が該当する。また，対応のあるｔ検定は，同一のサンプルを繰り返しによって得られたデータを比較することである。それに対して，対応のないｔ検定は異なるサンプルから得られているデータを比較することである。したがって，本事例では2群の比較なので，対応のないｔ検定であり，②が適切である。なお，分散分析は2つ以上のサンプルが等しいかどうか，要因および交互作用の効果を判断するｔ検定を一般化したものである。

## 選択肢の検討

① 不適切。「対応のある」が誤りである。
② 適切。
③ 不適切。相関係数と「対応のある」が誤りである。
④ 不適切。相関係数が誤りである。
⑤ 不適切。２要因分散分析が誤りである。

**解答**　②

【辰已法律研究所の出口調査に基づく正答率と肢別解答率　2543人Data】

| 正答率 | 肢1 | 肢2 | 肢3 | 肢4 | 肢5 |
|---|---|---|---|---|---|
| 25.6% | 10.5% | 25.6% | 26.1% | 13.8% | 23.6% |

## 着眼点

選択肢を選んだ割合は，②25.6%，③26.1%，⑤23.6%と三分されるが，５つの選択肢はいずれも選ばれる可能性があったと言える。②の正答率から見れば，最難解問題となるが，そうは思えない。解説にも書いたが，統計の問題としては，基本的なものである。臨床に携わっている人の弱点と言える領域なので，統計の知識は例題に当たって積み上げていくしかないのである。

## 2022−60

問 60　乳児 50 名を対象として，視覚認知機能を調べる実験を行った。まず，実験画面上に図形Ａを繰り返し提示したところ，乳児は最初は画面を長く注視したが，その後，注視時間は減っていった。注視時間が半減したところで，画面上に図形Ｂを提示したところ，乳児の画面の注視時間が回復して長くなった。一方，異なる乳児 50 名を対象として，同様に画面上に図形Ａを繰り返し提示し，注視時間が半減したところで，画面上に図形Ｃを提示した場合は，乳児の画面の注視時間は回復しなかった。

この２つの実験結果から解釈される乳児期の視覚認知機能の性質として，最も適切なものを１つ選べ。

① 図形Ｃよりも図形Ｂを選好注視する。
② 図形Ｂには馴化し，図形Ｃには脱馴化する。
③ 図形Ｂよりも図形Ｃに強い親近性選好を示す。
④ 図形Ａの後に，図形Ｃよりも図形Ｂの出現を期待する。
⑤ 図形Ａと図形Ｂは区別するが，図形Ａと図形Ｃは区別しない。

## 2022−60 乳児に対する実験法

**問60** 乳児50名を対象として，視覚認知機能を調べる実験を行った。まず，実験画面上に図形Aを繰り返し提示したところ，乳児は最初は画面を長く注視したが，その後，注視時間は減っていった。注視時間が半減したところで，画面上に図形Bを提示したところ，乳児の画面の注視時間が回復して長くなった。一方，異なる乳児50名を対象として，同様に画面上に図形Aを繰り返し提示し，注視時間が半減したところで，画面上に図形Cを提示した場合は，乳児の画面の注視時間は回復しなかった。

この2つの実験結果から解釈される乳児期の視覚認知機能の性質として，最も適切なものを1つ選べ。

① 図形Cよりも図形Bを選好注視する。
② 図形Bには馴化し，図形Cには脱馴化する。
③ 図形Bよりも図形Cに強い親近性選好を示す。
④ 図形Aの後に，図形Cよりも図形Bの出現を期待する。
⑤ 図形Aと図形Bは区別するが，図形Aと図形Cは区別しない。

まず，選択肢を眺めると，いずれも図形A，B，Cの関係性を示していることがわかる。すなわち，図形Aを基本にして，それと図形B，図形Cとの関係性が示されている。一般的に乳児は刺激が対提示された場合，複雑なあるいは新奇な刺激を好み，注視時間が長くなる。しかし実験では，図形Bと図形Cを対提示するのではなく，図形Aの提示後に図形Bを提示する場合と，図形Aの提示後に図形Cを提示する場合の比較である。したがって，①②③④のように図形Bと図形Cを直接比較することはできないので，①②③④は適切でない。

次に，図形Aの提示後に図形Bを提示した場合は注視時間が長くなり，図形Aの提示後に図形Cを提示した場合は注視時間が長くならなかったので，乳児は図形Aと図形Bの違いを識別し，図形Aと図形Cの違いは識別しなかったということである。その理由として，図形Bが新奇なものへの選好注視，図形Cが見慣れたものへの馴化が考えられるが，断定することはできない。したがって，⑤が適切である。

## 選択肢の検討

① 不適切。図形Bと図形Cの選好注視を直接比較することはできない。
② 不適切。図形Bと図形Cの馴化，脱馴化を直接比較することはできない。
③ 不適切。図形Bと図形Cの親近性選好を直接比較することはできない。
④ 不適切。図形Bと図形Cの出現期待を直接比較することはできない。
⑤ 適切。

**解　答**　⑤

【辰巳法律研究所の出口調査に基づく正答率と肢別解答率　2543人Data】

| 正答率 | 肢1 | 肢2 | 肢3 | 肢4 | 肢5 |
|---|---|---|---|---|---|
| 68.5% | 24.5% | 2.3% | 1.1% | 3.3% | 68.5% |

## 着眼点

選択肢を選んだ割合は，①24.5%，⑤68.5%と二分されるので，難解問題と言えるであろう。図形Aの提示後に図形Bと図形Cが対提示されたとして，図形Bの注視時間が長く，図形Cの注視時間が短かった場合，図形Aと図形Bが似ていなかったため脱馴化が生じ，図形Aと図形Cが似ていたため馴化が生じたと考えられる。いずれにせよ，②は適切でないことが分かる。

## 2022−137

**問 137**　20 歳の女性Ａ，大学２年生。１か月前から男性Ｂと交際している。ＡはＢが誰か別の人物と一緒に食事をしたり，自分が知らないうちに出かけた話を聞いたりすると不安が高まり，Ｂの行動に疑念を抱くという。ＡはＢの行動を常に確認しないと安心できず，Ｂがソーシャル・ネットワーキング・サービス〈SNS〉に投稿する内容を常に確認し，Ｂの携帯端末の画面に表示される通知を頻繁にのぞき込んでしまう。そのことでＡとＢは言い争いをし，関係が悪化する状態が繰り返されている。

Ａの状態として，最も適切なものを１つ選べ。

① 感情の誤帰属
② 恋愛の色彩理論におけるアガペ型
③ 愛の三角理論におけるコミットメント
④ とらわれ型のアタッチメント・スタイル
⑤ 同一性地位〈アイデンティティ・ステータス〉理論における早期完了

## 2022−137　恋　愛

問 137　20歳の女性A，大学2年生。1か月前から男性Bと交際している。AはBが誰か別の人物と一緒に食事をしたり，自分が知らないうちに出かけた話を聞いたりすると不安が高まり，Bの行動に疑念を抱くという。AはBの行動を常に確認しないと安心できず，Bがソーシャル・ネットワーキング・サービス〈SNS〉に投稿する内容を常に確認し，Bの携帯端末の画面に表示される通知を頻繁にのぞき込んでしまう。そのことでAとBは言い争いをし，関係が悪化する状態が繰り返されている。

Aの状態として，最も適切なものを1つ選べ。

① 感情の誤帰属
② 恋愛の色彩理論におけるアガペ型
③ 愛の三角理論におけるコミットメント
④ とらわれ型のアタッチメント・スタイル
⑤ 同一性地位〈アイデンティティ・ステータス〉理論における早期完了

まず，選択肢を眺めると，見慣れないものが並んでいるが，事例から直感的に④が適切であると推察される。

①は，社会心理学者ダットンとアロンが発表した「吊り橋効果」に見られるように，高いところにいるドキドキと，恋しているときのドキドキを勘違いする心理のことなので，①は適切でない。

②に関して，心理学者リーは恋愛には色と同じようにいくつかの種類が存在することを見出した。このうちアガペ型は，相手を中心に考え，相手のためなら自分を犠牲にすることをいとわない献身的な愛という恋愛スタイルである。したがって，②は適切でない。

③に関して，心理学者スタンバーグの愛の三角理論では，恋愛は親密性，情熱，コミットメントの3つで構成されている。このうちコミットメントは，お互いがどれくらい離れられない関係であるかという関連の強さを表す。したがって，③は適切でない。

④に関して，成人のアタッチメント・インタビューを用いた研究で，成人のアタッチメント・スタイルはアタッチメント関係の不安と回避という2つの次元で特徴づけられ，4つのタイプに分けられる。このうち「とらわれ型」は，自身の個人的幸福感は他者からの評価に強く依存し，拒絶されることや見捨てられることに対する心配が強い。したがって，④は適切である。

⑤に関して，マーシャが提唱したのが同一性地位という概念で，４種類に分類している。このうち早期完了は，自我同一性は確立しているが，危機の経験がないだけに脆弱で，失敗経験などによって容易に混乱に陥りやすいとされる。したがって，⑤は適切でない。

## 選択肢の検討

①　不適切。勘違いする心理のことである。
②　不適切。献身的な愛という恋愛スタイルのことである。
③　不適切。お互いがどれくらい離れられない関係であるかという関連の強さを表す。
④　適切。
⑤　不適切。自我同一性は確立しているが，危機の経験がない同一性地位のことである。

**解　答**　④

【辰已法律研究所の出口調査に基づく正答率と肢別解答率　2543 人 Data】

| 正答率 | 肢１ | 肢２ | 肢３ | 肢４ | 肢５ |
|---|---|---|---|---|---|
| 78.8% | 11.2% | 5.4% | 4.1% | 78.8% | 0.4% |

## 着眼点

選択肢を選んだ割合は，④78.8%に集中しており，標準的な問題であるが，あまり見ない用語が散見される（以下の文献参照）。しかし，アタッチメント・スタイルについての知識があれば，正答を選ぶことにほとんど影響しない。なお，J. E. Marcia の自我同一性地位に関連するものが，2020 年－問 125 に出題されている。

文献：【恋愛の色彩理論】Lee, J. A.　A typology of styles of loving. Personality and Social Psychology Bulletin,  3  1977

【愛の三角理論】R. J. スタンバーグ／K. ヴァイス編（和田　実／増田匡裕訳）愛の心理学　北大路書房　2009
【アタッチメント・スタイル】岡田尊司　『愛着障害の克服「愛着アプローチ」で，人は変われる』　光文社新書　2016　／　岡田尊司　『不安型愛着スタイル』　光文社新書　2022

## 山口勝己　監著

大阪教育大学大学院教育学研究科修士課程修了

元創価大学教育学部教授（大学院文学研究科教育学専攻臨床心理学専修教授兼務）

・心理教育相談室長（2010〜2013）


（主著）

子ども理解と発達臨床（単著）　北大路書房　2007

子どもと大人のための臨床心理学（共著）　北大路書房　2012

心理学概論　山口勝己・田村修一共著　創価大学通信教育部　2014

2019年対策　公認心理師試験　事例問題の解き方本　辰已法律研究所　2019

公認心理師試験　事例問題の解き方本　Part Ⅱ　辰已法律研究所　2020

公認心理師試験　事例問題の解き方本　Part Ⅲ　辰已法律研究所　2021

公認心理師試験　事例問題の解き方本　Part Ⅳ　辰已法律研究所　2022


2022年 公認心理師試験　事例問題の解き方本

令和5年3月31日　　初版　第1刷発行

監著　山口　勝己

発行者　後藤　守男

発行所　辰已法律研究所

〒169－0075

東京都新宿区高田馬場4－3－6

TEL.　03－3360－3371（代表）

印刷・製本　壮光舎印刷（株）





ISBN978-4-86466-600-8